Lieutenant VICHIER-GUERRE

Du 13e Bataillon de chasseurs

1814

—

Opérations en Savoie

et en Dauphiné

PARIS

HENRI CHARLES-LAVAUZELLE

Éditeur militaire

10, Rue Danton, Boulevard Saint-Germain, 118

—

(MÊME MAISON A LIMOGES)

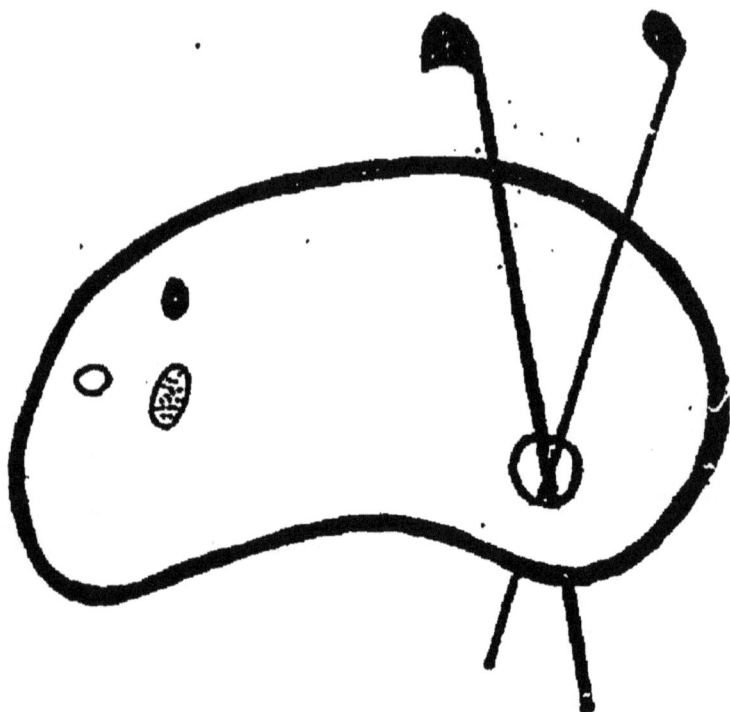

FIN D'UNE SERIE DE DOCUMENTS
EN COULEUR

1814

—

Opérations en Savoie et en Dauphiné

Lieutenant VICHIER-GUERRE

Du 13ᵉ Bataillon de chasseurs

1814

—

Opérations en Savoie
et en Dauphiné

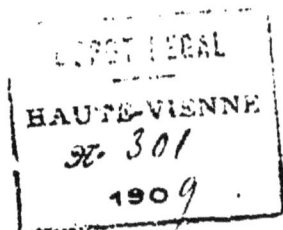

PARIS

Henri CHARLES-LAVAUZELLE

Éditeur militaire

10, Rue Danton, Boulevard Saint-Germain, 118

—

(MÊME MAISON A LIMOGES)

OUVRAGES CONSULTÉS

XAVIER-ROUX. — *1813 et 1814 en Dauphiné et en Savoie.*

Commandant WEIL. — *La cavalerie des armées alliées pendant la campagne de 1814.*

Joseph DESSAIX. — *La vie du général Dessaix.*

CROISOLLET. — *Histoire de Rumilly.*

Journal du Mont-Blanc. — *Année 1814 (2).*

PIERRON. — *Stratégie et grande tactique.*

Correspondance de Napoléon Ier.

Mémoires du prince Eugène.

Archives de la Préfecture de Chambéry.

CARTES NÉCESSAIRES

Au 1/80.000ᵉ :

Nantua, 160 .... { Quart. N. E.
                            { Quart. S. E.

Annecy, 160 *bis*.......... } Quart. N. O.
                            } Quart. S. O.

Chambéry, 169 .... { Quart. N. E.
                            { Quart. S. E.

Albertville, 169 *bis*..... { Quart. N. O.
                            { Quart. S. O.

Grenoble, 178 .... { Quart. N. E.
                            { Quart. S. E.

Saint-Jean-de-Maurienne.. } Quart. N. O.
                          { Quart. S. O.

Au 1/320.000ᵉ :

Quadrilatère : Lons-le-Saulnier. — Genève. — Lyon. Grenoble.

Ces cartes sont en vente chez l'éditeur militaire Henri Charles-Lavauzelle, 10, rue Danton, à Paris, agent direct de vente du service géographique de l'armée.

La carte au 1/80.000 coûte 0 fr. 35 franco; celle au 1/320.000 0 fr. 55 franco.

OPÉRATIONS EN SAVOIE ET EN DAUPHINÉ

EN 1814

Situations respectives des belligérants au mois de novembre 1813.

Quand, au mois de novembre 1813, les armées alliées atteignirent le Rhin, leurs souverains, soudain, les arrêtèrent, et pendant près d'un mois, jusqu'aux derniers jours de décembre, les maintinrent immobiles sur la rive droite du fleuve, comme s'ils n'osaient leur faire franchir le dernier obstacle qui les séparait de la terre de France.

On discerne mal les causes de cette inaction, qu'aucune considération militaire ne saurait expliquer.

Avoir vaincu l'adversaire qui, depuis dix ans, avait infligé à l'orgueil des souverains de droit divin de si cruelles humiliations, l'avoir rejeté sur son propre territoire n'était point, en effet, suffisant ; restait évidemment à profiter de la victoire pour le chasser définitivement de son trône et le réduire à jamais à l'impuissance. C'était le corollaire obligé des succès de Leipzig. Il était naturel de prévoir que Napoléon, laissé maître de l'empire, ne se résignerait pas à sa défaite : la paix qu'on lui accorderait ne serait qu'une préparation à une prochaine guerre.

Le caractère décisif de leur victoire, la supériorité numérique de leurs armées, la faiblesse où plus de vingt ans de guerres incessantes avaient jeté la France, tout commandait aux alliés une brusque et violente offensive, une poursuite sans trêve ni merci, qui eût enlevé à l'Empereur tout

espoir de lever de nouvelles troupes ou de faire venir des
renforts d'Espagne et d'Italie.

Mais nos adversaires ne savaient pas combien l'Empire
avait été épuisé par ses victoires même, combien la
France était lassée de la guerre. Et les armées impériales
avaient tout un passé de gloire dont le souvenir se dressait
devant l'envahisseur, au moment de poser le pied sur le
sol même de la France, en une redoutable menace. Des
débris seuls restaient de ces légions si longtemps invin-
cibles ; mais que ne fallait-il pas craindre encore de leur
fanatisme pour leur Empereur et de leur courageux désespoir quand ils auraient à défendre leur propre territoire ?
Que ne fallait-il pas redouter surtout du génie militaire
d'un Napoléon ? La Fortune, un instant infidèle, ne lui
rendrait-elle pas ses faveurs ? Les armées alliées ne cour-
raient-elles pas sur la rive gauche du Rhin à un nouveau
Valmy ?

Et cela nous paraît suffire pour expliquer, sans qu'il
soit besoin d'avoir recours à des considérations diplomatiques ou dynastiques, comment M. de Metternich fut
amené, malgré le succès, malgré les avantages de la situation, à faire à l'Empereur des ouvertures de paix.

On ne peut douter que Napoléon eût accepté sur-le-
champ les conditions fort honorables qui lui étaient faites,
s'il eût connu les indécisions et les craintes des alliés. Mais
il ne sut pas les deviner et il craignit d'autre part que
trop d'empressement à entamer des pourparlers ne fût
considéré par ses adversaires comme un aveu d'impuissance.

Lui-même, d'ailleurs, se leurrait sur ses propres ressources.

L'armée qu'il avait conduite en Russie était presque entièrement détruite. 60.000 hommes à peine en restaient,
fatigués et découragés. Il ne l'ignorait point, certes, mais
il comptait sur la vitalité de son empire, et se refusait à

croire que l'ennemi oserait, en plein hiver, envahir la
France. Durant les trois ou quatre mois de tranquillité que
le froid lui promettait, il espérait réunir et organiser
600.000 hommes. D'après ses calculs, le pays pouvait les
lui fournir et l'on sait les mesures qu'il prescrivit pour
y parvenir.

Aussi, aux offres de M. de Metternich, il répondit éva-
sivement, avec le désir de faire traîner les choses en longueur, de gagner le temps nécessaire à la réorganisation
de son armée, espérant pouvoir, une fois encore, imposer
ses conditions à ses adversaires en les menaçant d'une nouvelle campagne. On sait comment ces retards tournèrent
contre lui. Quand il s'aperçut qu'il s'était trompé, quand
il sut combien les populations mettaient peu d'empressement à répondre à ses appels, quand il comprit que la
France, épuisée, réclamait la paix, il était trop tard. M. de
Metternich, instruit de la réelle faiblesse de son adversaire,
refusa de continuer les négociations, jugeant pouvoir en
appeler sans crainte au sort des batailles.

D'après le plan proposé par les Autrichiens, l'invasion
se fit suivant trois routes différentes, convergeant sur
Paris.

Une armée du Nord, sous le commandement de Berna-
dotte, devait traverser la Belgique et descendre la vallée
de l'Oise.

Une armée de Silésie, avec Blücher pour chef, franchissait le Rhin entre Coblentz et Mayence et marchait sur
Nancy.

Une armée de Bohême, sous les ordres du généralissime
Schwarzenberg, franchissait également le Rhin vers Bâle
et Schaffhouse et, par Langres, devait gagner le bassin
de la Seine et Paris.

Cette dernière armée détachait vers Genève, sous le

commandement du général Bubna, un corps d'environ
10.000 hommes (1).

Les Autrichiens avaient tenu essentiellement à l'adoption
de cette partie du plan de campagne : violer la neutralité
de la Suisse, c'était en effet y rétablir, au moins dans les
cantons allemands, une influence que Napoléon s'était
efforcé de leur enlever.

Ce but secret se voilait sous le prétexte de profiter de
ce que la frontière du Jura n'était pas fortifiée, et s'expli-
quait stratégiquement par la raison qu'en occupant Genève, Chambéry et Montmélian on coupait toutes communications entre l'armée du prince Eugène, en Italie, et
celle de Napoléon, manœuvrant dans les plaines de la
Champagne.

C'est au corps de Bubna que ce rôle était dévolu. Nous
allons voir comment il s'acquitta de sa mission.

Opérations de Bubna contre Genève et Lyon du 21 dé-
cembre 1813 au 4 février 1814.

Le 21 décembre, l'armée de Schwarzenberg franchissait
le Rhin, et Bubna pénétrait en Suisse.

Par deux fois, dans sa critique stratégique de la campagne de 1814, Clausewitz nous a donné son opinion sur
cette opération contre Genève et la Savoie.

Après avoir déclaré que le partage des forces n'est ad-
missible, dans l'offensive, que s'il en doit résulter un avan-
tage absolument exceptionnel, il envisage le cas particulier d'une démonstration contre la Belgique et la Hollande.
Situation excentrique de ces deux pays qui en fait, par

---

(1) 6.388 fantassins et 2.895 chevaux, d'après von Plotho, dont
les chiffres paraissent se rapprocher le plus de la réalité. — Folliet donne 5 bataillons (4.500 fantassins) et 30 escadrons (6.000 chevaux).

rapport au théâtre d'opérations transporté au centre de
la France, « comme des membres séparés du tronc » ; sen-
timent national hostile à la France et qui pouvait faire
espérer une révolution, richesse de ces contrées d'où les
alliés pourraient tirer immédiatement de nouvelles ressources, « il est bien rare, nous dit-il, de trouver dans
une offensive stratégique une opération secondaire qui
s'appuie sur des raisons si nombreuses et si péremp-
toires ».

« Et pourtant, ajoute-t-il, c'eût été une faute de diriger
une semblable opération secondaire latéralement sur la
Hollande et la Belgique. Lorsqu'on a affaire à un homme
de guerre de la trempe de Bonaparte, et qu'on projette de
décider en une seule bataille le sort de toute une campagne, il est indispensable d'avoir pour soi une incontes-
table supériorité numérique. Dans ces conditions, on ne
pouvait détacher au loin plus de 20.000 ou 30.000 hommes.
et encore risquait-on par là de compromettre l'entreprise
tout entière. »

« Dans cette situation, termine-t-il. il va de soi que toute
autre idée d'opération secondaire, et l'expédition en Savoie
par exemple, ne pouvait être, à plus forte raison, prise
en sérieuse considération. »

C'est une condamnation qui n'admet pas même les circonstances atténuantes.

Un peu plus loin, pourtant, Clausewitz revient sur ce
sujet. Son opinion s'est quelque peu modifiée. Elle nous
paraît également intéressante à reproduire.

« Envoyer sur Genève un détachement de 12.000 hommes avec le général Bubna, dit-il, était une opération assez
justifiée. Étant donné qu'on voulait comprendre la Suisse
dans la base d'opérations, on ne pouvait pas négliger la
conquête d'un point aussi important que Genève. Et pour
les masses dont disposait la coalition, qu'était-ce que
12.000 hommes de plus ou de moins ? On ne peut qu'ap-

prouver aussi les instructions données dès le principe à ce
corps détaché de tirer de la situation tout le parti possible
et de faire irruption dans la vallée du Rhône. Une fois
parti, il fallait que ce détachement se tirât d'affaire avec
ses seules ressources et l'on était en droit d'espérer que
son arrivée pourrait empêcher toute levée de troupes nouvelles dans les provinces envahies et peut-être même y
provoquer un mouvement royaliste. Lorsque, avec un détachement aussi faible on court la chance d'obtenir des
résultats aussi importants, on ne peut vraiment pas dire
qu'il y ait là une mauvaise économie des forces em-
ployées. »

Évidemment, malgré son désir d'être impartial et juste,
et malgré sa grande bonne foi, Clausewitz a dû se trouver
quelque peu gêné pour juger des actes de la diplomatie
autrichienne et de la conception stratégique de son généralissime. On comprend ainsi qu'il s'efforce de trouver des
excuses — et il en sait donner, d'ailleurs, de très bonnes —
à une opération que pourtant il condamne dans le principe — cela ne saurait faire aucun doute. De là, cette
contradiction qu'on pourrait s'étonner de trouver sous la
plume d'un critique militaire aussi vigilant. Et c'est à cette
décision du commandement qu'il pensait peut-être quand
il a déploré l'ingérence dans les opérations militaires de
ces considérations diplomatiques qui, « dans cet incendie,
ont joué, dit-il, le rôle de ces îlots intacts qui entravent
la rapide propagation de la flamme ».

Mais, considérée au seul point de vue militaire, la formation du détachement Bubna était une faute.

Que l'opération entreprise fût susceptible de bons résultats, on ne saurait le nier. L'occupation de Genève et de
Lyon pouvait, en effet, procurer aux alliés de réels avantages : elle frappait d'impuissance l'organisation de la
résistance dans cette région, elle isolait l'armée d'Italie,

l'effet moral de ce succès se devait ressentir dans toute la France.

Mais une offensive vigoureuse et rapide, toutes forces réunies, n'était-elle pas susceptible de résultats plus brillants encore ? Elle ne laissait pas à Napoléon le temps d'organiser la défense, de lever de nouvelles troupes, de faire venir des renforts d'Espagne ou d'Italie, de concentrer ses forces, — elle l'obligeait à accepter dans des conditions déplorables une nouvelle bataille décisive. L'effet moral d'une nouvelle grande défaite de l'armée française eût été désastreux.

Elle était plus conforme surtout aux vrais principes de la guerre, veillant à ménager pour la bataille décisive contre l'armée principale ennemie le maximum des forces disponibles.

Tandis que l'opération dont l'exécution était confiée au général Bubna n'était pas sans présenter quelques inconvénients, voire quelques dangers.

La constitution de ce détachement n'était pas d'un besoin immédiat. La nécessité de couvrir les communications de l'armée n'était pas évidente tant que l'adversaire n'aurait pas concentré des troupes en nombre autour de Lyon. Pousser une flanc-garde, un simple détachement de surveillance dans la direction de Dijon ou Besançon suffisait jusqu'à nouvel ordre. Si d'autres besoins survenaient par la suite, on avait les loisirs d'y parer à l'aide des réserves attendues.

Mais on pourrait voir, d'autre part, dans la décision prise par le commandement autrichien, l'origine de dangers réels. Elle attirait l'attention vers la région menacée; incitait l'adversaire à y concentrer des forces. Et comme l'offensive de Bubna ne serait évidemment pas une simple marche triomphale, comme il lui faudrait se couvrir, à gauche, dans la direction de Chámbéry, à droite vers Bourg et Lons-le-Saunier, occuper en cours de route Genève, Chambéry, Fort-l'Écluse, Pierre-Châtel, etc., il se trouverait notablement affaibli en arrivant devant Lyon. Pouvait-on être certain que l'adversaire n'aurait pas eu le temps d'y réunir des forces assez nombreuses pour lui faire alors subir un échec dont les conséquences menaçaient d'être graves ?

Repoussé sur Genève et la Suisse, puis sur le Rhin, séparé de l'armée de Silésie par tout le massif du Jura, vivement poursuivi par nos troupes dont ce succès eût excité l'ardeur, harcelé dans sa retraite par les populations dont l'esprit, au moins dans le Jura et la Franche-Comté, était peu favorable aux alliés, le corps de Bubna se fût trouvé alors en fort mauvaise posture, et la ligne d'opérations de Schwarzenberg, finalement, bien compromise.

Nous verrons qu'il s'en fallut de peu, et qu'il ne tint qu'à l'énergie et à la volonté d'un homme que la chose se réalisât.

Toute conception stratégique et toute question d'effectifs mises à part, les observations de Clausewitz nous indiquent nettement comment cette opération devait être comprise et exécutée : laisser au détachement une pleine liberté d'action pour lui permettre, par une marche rapide et une offensive hardie, de pousser jusqu'à Lyon et d'occuper cette ville alors complètement dégarnie de troupes et incapable de se défendre.

Le général Bubna n'était-il pas à hauteur de cette tâche ou ne fut-il pas laissé libre de conduire à son gré la mission qui lui était dévolue ? A qui incombe la responsabilité des lenteurs apportées aux opérations et des échecs subis ? Les documents nous manquent pour le dire de façon certaine. Mais le récit que nous ferons montrera combien l'exécution s'éloigna de la conception de Clausewitz.

Le 30 décembre,. les Autrichiens entraient à Genève. L'occupation de la Suisse s'était faite sans difficultés. Le général autrichien ne rencontra de résistance nulle part. Nous n'étions pas préparés à l'éventualité d'une invasion. La France s'était trop habituée aux bulletins de victoires : insensé eût paru celui qui eût envisagé l'hypothèse d'une violation de nos frontières, et qui eût parlé d'en préparer la défense.

Aussi, quand la catastrophe se produisit, terrifiante et brutale, l'envahisseur trouva nos frontières complètement dégarnies. Nos forteresses étaient désarmées, les remparts tombaient en ruines, les fossés se comblaient, et là où quelques pièces encore restaient en batterie, elles gisaient rouillées, presque inutilisables, parmi les débris de leurs affûts pourris.

Pis encore, les commandants de territoires n'avaient pas de troupes, la « Grande Armée » avait tout pris.

A l'annonce de l'invasion ce fut l'affolement général.

Le commandant d'Henri de Cuvillier, commandant le détachement du Simplon, avait dès le 25 décembre abandonné la ville de Sion et le département du Simplon, détruisant tout un matériel d'artillerie et un approvisionnement de munitions qu'il eût pu, en partie tout au moins, évacuer sur Genève du 21 au 25 et qui eût, plus tard,. rendu de grands services à la défense.

Le 28 décembre, les coureurs du colonel Simbschen, que Bubna avait détaché avec 800 hommes dans le Valais, arrivaient à Saint-Maurice. L'évacuation sur Genève devenait impossible. Mais, dès le 22, le préfet du Simplon avait offert au commandant de Cuvillier de lui faciliter l'évacuation de son matériel.

« Prévenu chaque jour de la marche des ennemis, écrit le préfet au ministre de l'intérieur, j'avais eu soin d'instruire le commandant du département pour qu'il pût prendre les mesures de défense qu'il jugerait convenables, et que j'offris de seconder de tout mon pouvoir. Je lui proposais même de mettre à sa disposition tous les chevaux du département pour transporter à Genève les canons déposés à Valère. La crainte de ne pouvoir effectuer ce mouvement avec sécurité, vu la rapidité de la marche de l'ennemi, le décida à rejeter mes offres... »

Stupéfait par les terrifiantes nouvelles de circonstances imprévues, le commandant de Cuvillier n'avait pas su prendre en temps utile les mesures nécessaires.

Pour parer au dénuement de la défense, l'Empereur fit appel au patriotisme et au dévouement des populations directement menacées par l'invasion. M. de Montalivet, ministre de l'intérieur, adressa aux préfets une circulaire vibrante de patriotisme. Il décrétait la levée en masse, la formation des gardes nationales, l'organisation des corps de partisans. « Que toute votre population se soulève, écrivait-il, organisez en garde nationale tous les habitants capables de porter les armes, que les fusils de chasse, l'arme blanche, que les instruments des plus paisibles travaux soient, entre les mains des bataillons que vous allez former, jusqu'au moment où ils pourront recevoir des armes de calibre... »

Et pour surexciter les dévouements, pour obtenir des populations toutes leurs énergies et leurs ressources, Napoléon choisit parmi les personnages influents des pays où il devait les envoyer, des délégués chargés avec pleins pouvoirs d'organiser la résistance.

Ce furent les commissaires extraordinaires.

Le comte de Saint-Vallier, sénateur de l'Isère, fut envoyé à Grenoble. Il devait pourvoir à la défense du vaste territoire de la 7ᵉ division militaire qui comprenait les départements du Simplon, du Léman, du mont Blanc, de l'Isère, des Hautes-Alpes et de la Drôme, c'est-à-dire avec la haute vallée du Rhône tout le pays entre les Alpes et le Rhône, du Léman jusqu'à la Durance, à hauteur de Sisteron.

Mais pouvait-on compter sur ces mesures *in extremis* ? Pouvait-on espérer que les commissaires arriveraient assez tôt et auraient assez d'influence pour soulever leurs administrés, qu'ils auraient surtout le temps matériel d'organiser et de coordonner les efforts ?

Quand M. de Saint-Vallier arriva à Grenoble, chef-lieu de sa circonscription, le 5 janvier, la 7e division militaire était déjà envahie. Le département du Simplon était évacué, et les Autrichiens, maîtres de Genève, menaçaient Chambéry.

La rapidité de l'invasion et la crainte de l'envahisseur paralysaient les bonnes volontés.

« La frayeur avait tellement glacé les esprits, écrivait à M. de Saint-Vallier le comte de Rambuteau, préfet du Simplon, que je n'ai jamais pu parvenir à faire arriver une lettre à Genève, malgré que j'y ai dépêché 5 estafettes. »

Les populations n'étaient point toutes d'ailleurs également bien disposées à notre égard.

Dans la plupart des départements, et dans le Léman en particulier, les appels réitérés et anticipés des classes avaient profondément indisposé contre le régime impérial les populations des campagnes. Dans le Chablais, les prédications du clergé, nettement hostile à Napoléon depuis ses démêlés avec le pape, avaient surexcité le mécontentement. Quand, le 16 décembre 1813, le conseil de recrutement se rendit à Thonon pour y procéder aux opérations du dernier appel, il fut assailli à coups de pierres par les montagnards, dans la salle des séances. Le colonel Jordy dut envoyer de Genève un détachement du

4ᵉ chasseurs à cheval pour délivrer le conseil, bloqué dans la salle par les révoltés.

L'annonce de nos revers permit à tous ceux qui n'avaient point encore accepté la domination française de donner libre cours à leurs antipathies ou à leurs rancunes.

Les conséquences en avaient été immédiates.

Les différentes administrations du Simplon n'avaient pu effectuer leur retraite par le col du Simplon : « Le mauvais esprit des habitants de Varzo et Domo-d'Ossola pouvait tout faire redouter », écrit encore le comte de Rambuteau.

Le commandant d'Henri de Cuvillier, à son arrivée à Grenoble, fut mis aux arrêts de rigueur par le général La Roche, commandant la division.

Dans un mémoire justificatif qu'il adressa à M. de Saint-Vallier, il dépeint ainsi l'esprit des populations voisines de son commandement :

« Considérant que les habitants de ce département (Simplon), depuis la publicité de nouvelles aussi positives, furent en proie à l'agitation et que, dès lors, les paysans de toutes les communes refusèrent obéissance aux autorités du pays, et que l'anarchie commença dès lors à se déclarer ;

» Considérant que les autres inconvénients d'évacuer par le Haut-Valais étaient de la part des paysans des montagnes de cette partie du Simplon, qui, depuis l'évacuation des principales autorités françaises, montraient un esprit d'insurrection au point de se refuser à toute espèce de réquisition.

» Considérant qu'en passant par la route du Simplon on avait encore d'autres risques à courir de la part du département italien à Domo-d'Ossola, dont le mauvais esprit nous était bien connu et qui, constamment, avait

favorisé depuis quelque temps la désertion des conscrits réfractaires qui passaient par cette route... ;

» Considérant que, depuis le 22 décembre, les montagnes du département étaient remplies de signaux au
moyen de feux allumés pendant la nuit et de fumées
pendant le jour, avec lesquels les paysans des montagnes
se communiquaient les uns aux autres ;

» Considérant que ces signaux se sont multipliés principalement le 24 et le 25 décembre et ne tendaient qu'à
instruire l'ennemi ou les habitants de nos démarches et
à produire des réunions populaires, d'un moment à l'autre, qui nous auraient été funestes ;

» Considérant que le Simplon était rempli non seulement de gens contraires à nos intérêts, mais encore d'es-
pions qui passaient continuellement vers l'ennemi, pour
l'instruire de tout ce qui pouvait l'intéresser, etc., etc... »

L'hostilité ou l'indifférence des populations du Simplon
et du Léman avaient grandement favorisé la marche des
Autrichiens, qui parvinrent devant Genève sans avoir rencontré de résistance.

Bubna somma la place de se rendre.

La ville, couverte par ses anciennes fortifications, était
à l'abri d'un coup de main, mais n'était pas en état de
repousser une attaque sérieuse. Les canons étaient sans
affûts, et la garnison — quelques centaines d'hommes des
dépôts du 8e léger et du 60e de ligne, mal armés et mal
équipés, et une compagnie départementale — ne possédait
pas un seul canonnier. Les conscrits qui venaient d'arriver
aux dépôts de la ville n'étaient pas encore armés. On ne
pouvait pas non plus compter sur la population, il eût
fallu plutôt des troupes pour la contenir et la garde nationale était franchement hostile...

Genève pouvait cependant tenir quelques jours, et cette

courte résistance eût été suffisante peut-être pour lui permettre de recevoir des secours.

Le général Dessaix accouru, le 22 décembre, à la première nouvelle de l'invasion, ayant constaté la pénurie
des moyens de défense, était réparti aussitôt en poste
pour Grenoble, où il allait demander au général La Roche des artilleurs qu'il espérait pouvoir ramener avant
l'arrivée des Autrichiens.

Il n'était pas encore revenu.

Le colonel Jordy, qui commandait la place, refusa
d'abord de se rendre ; mais vieux déjà et criblé de blessures, abandonné par le préfet du Léman, le baron Ca-
pelle, qui, depuis plusieurs jours, avait quitté la ville,
intimidé par les rumeurs d'une bourgeoisie hostile au
gouvernement et que la perspective d'un bombardement
et d'un assaut épouvantait, il n'eut plus assez de vigueur
pour imposer les mesures de défense nécessaires. Le
chef d'escadron d'artillerie Montfort, son lieutenant, n'osa
rien prendre sur lui.

Aussi, quand les colonnes ennemies s'avancèrent, prêtes
à donner l'assaut, le comité de défense, qui s'était d'abord
prononcé pour la résistance, se laissa influencer par les
représentations de la « société économique », interprète
des sentiments de la bourgeoisie genevoise. Il fit à Bubna
des propositions qu'il se hâta d'accepter.

La ville ouvrit ses portes. La garnison fut laissée libre
de se retirer. Elle se replia vers Rumilly et Annecy avec
une telle précipitation, qu'elle livra à l'ennemi, sans prendre le temps de les mettre hors de service, 117 pièces
de canon dont 19 en fer, 30 pièces de campagne, des obusiers, 15 caissons et des fusils pour armer 1.000 hommes.

Désespéré par cette capitulation honteuse, le colonel
Jordy avait été frappé d'apoplexie et restait, malade, prisonnier de l'ennemi.

Bubna envoyait aussitôt, pour occuper les passages du Jura, un détachement vers Gex et Saint-Claude, un autre à Fort-l'Ecluse qui se rendait au premier coup de canon. Le détachement du colonel Simbschen, dont nous avons déjà parlé, se dirigeait sur les cols du Grand-Saint-Bernard et du Simplon pour en interdire l'accès aux troupes françaises d'Italie. Le 1er et le 2 janvier, après avoir pris possession de ces passages, le colonel repoussait deux attaques successives des troupes du prince Camille Borghèse, et faisait sauter la route du Grand-Saint-Bernard à Aoste. Profitant des dispositions favorables des populations valaisanes, il levait et organisait sans difficulté un bataillon de chasseurs de 7 compagnies. Ayant ainsi rendu toute communication impossible entre la Suisse et l'Italie, il revint s'établir à Thonon.

Le moment était des plus favorables pour marcher sur Lyon, s'en emparer et étouffer au berceau toute velléité de résistance.

La vallée du Rhône était complètement libre. Un fort presque désarmé — Pierre-Châtel — et défendu par une poignée d'hommes, un détachement de 150 douaniers à Culoz, c'était tout ce que nous pouvions. de Bellegarde à Saint-Genix, opposer à l'envahisseur.

Le 3 janvier seulement, le général Musnier fut nommé par Napoléon au commandement des troupes, jusqu'à Genève, avec ordre d'occuper Fort-l'Ecluse, le Jura et les passages du Rhône. Mais c'est à peine s'il pouvait, à cette date, réunir 1.500 hommes à Lyon, 500 à Bourg, 300 à Nantua.

Le général La Roche, commandant la 7e division, ne pouvait pas disposer de plus de 2.000 hommes.

Rien ne s'opposait donc à la marche triomphale des Autrichiens. Il semblait que le général Bubna dût continuer rapidement de l'avant, bousculant sans leur laisser le temps de s'organiser, de se réunir et de recevoir des renforts, les faibles troupes qui se retiraient devant lui.

Pourtant, le 31, il accorda à son détachement une journée de repos que ne commandaient pas les fatigues supportées. Il en profita pour constituer une administration civile de la ville de Genève et en organiser la défense.

Le général Zechmeister, avec 4 bataillons et 1 escadron et demi (3.000 hommes), en fut chargé. Il fit occuper par des avant-postes les passages de l'Arve et surveiller les routes de Rumilly et d'Annecy.

Ce retard était une première faute grave, mais à qui l'imputer ? Bubna n'avait-il pas compris que la rapidité des opérations était un facteur essentiel de succès dans l'accomplissement de la mission qui lui était confiée ? Ou plutôt se trouvait-il lié par des prescriptions du haut commandement lui enjoignant d'attendre, après la prise de Genève, de nouvelles instructions ?

Peut-être, car ce n'était plus sur Lyon qu'il avait ordre de se diriger, lorsqu'il reprit son mouvement en avant, le 2 janvier au matin seulement. Schwarzenberg, sous, prétexte de lui faire couvrir le flanc gauche de l'armée de Bohême, se dirigeant sur Vesoul, lui avait prescrit de se porter sur Poligny.

Et cependant « on sait, dit l'officier chargé de tenir le journal des opérations, que le midi de la France est dégarni de troupes, et qu'on s'occupe seulement d'organiser des forces à Lyon et à Grenoble ».

Le 6 janvier seulement, le généralissime autrichien prescrivait à Bubna de se diriger de Poligny, où il était arrivé la veille, sur Lyon, avec ordre d'empêcher ou de retarder l'organisation de la résistance, ou même, mais seulement si les circonstances sont exceptionnellement favorables, de s'emparer vivement de cette ville.

Consacrant un jour encore à concentrer ses forces autour de Poligny, Bubna se mettait en marche le 7 sur

Lons-le-Saunier, où il arrivait le 8. Le colonel Wiéland, avec 4 escadrons, 1 bataillon et 1 batterie, couvrait son flanc droit à Chalon-sur-Saône.

Parvenu le 10 à Saint-Amour, Bubna recevait un nouvel ordre de Schwarzenberg, qui, croyant à un très gros rassemblement de troupes à Langres, lui enjoignait de marcher sur Auxonne et Dijon et d'occuper ces deux villes.

L'exécution ne pouvait être immédiate. Il fallait à Bubna, pour son artillerie, la libre disposition de la grande route de Bourg à Mâcon. Or, son avant-garde avait eu, la veille, un engagement avec les avant-postes français. On lui rapportait que les populations de l'Ain se soulevaient. Il était donc nécessaire qu'il s'emparât de Bourg pour assurer ses derrières et se ménager des communications faciles avec Zechmeister, dont la situation pouvait devenir délicate.

Le 11 janvier, il entrait à Bourg presque sans résistance. Le général Musnier, se jugeant trop faible pour accepter la lutte, s'était replié sur Lyon, confiant la défense de la ville aux gardes nationaux. Les Autrichiens s'étaient emparés d'un drapeau, de 100 fusils et d'un approvisionnement considérable de poudre que le général français n'avait pas su faire évacuer sur Lyon.

Le colonel Benzeck avec un bataillon et un escadron s'établissait à Ceyzeriat, assurant les communications de Bubna avec Genève et Fort-l'Écluse.

Intimidé sans doute par l'initiative qu'il avait prise en attaquant Bourg, Bubna y restait trois jours encore, inactif, attendant de nouveaux ordres après avoir exposé à Schwarzenberg les raisons de cette attaque. Son avant-garde seulement poussait jusqu'à Meximieux, Montluel, et le colonel Benzeck faisait occuper Nantua.

L'occasion était, pour lui, belle encore d'enlever Lyon. Le général Musnier défendait la ville avec 1.700 hom-

mes, dont à peine 200 à 300 vieux soldats, et le maréchal
Augereau, qui venait d'arriver, pensant qu'il fallait, avant
tout, accélérer la formation de l'armée, était immédiatement reparti pour Valence, laissant à son subordonné le
soin d'arrêter la marche de l'ennemi.

Le 15, inquiet des nouvelles qu'il recevait de Savoie, le
général autrichien restait encore immobile, se contentant
de pousser, vers Lyon et la Savoie, quelques faibles reconnaissances.

Il est difficile de croire pourtant qu'il ignorât complètement l'état précaire dans lequel se trouvait la défense de
la ville.

M. Chaptal, comte de Chanteloup, commissaire extraordinaire à Lyon, écrivait à M. de Saint-Vallier le 15 janvier :

Mon très cher collègue,

« Lyon est menacé et au moment d'être occupé par trois
colonnes, dont l'une se dirige sur Miribel, l'autre sur
Trévoux et l'autre sur Villefranche. Nous n'avons ici aucune ressource pour nous opposer à la marche de ces
colonnes. Quelques gardes nationales levées à la hâte,
sans équipement, sans artillerie, sans cavalerie, ont été
envoyées au-devant, sur la route de Trévoux, et sur celle
de Villefranche. Le peu de troupes de ligne que nous
avions ici a pris position à Miribel ; mais, que peuvent
ces petits corps sans artillerie et sans cavalerie contre
des colonnes dont chacune a au moins 800 hommes de
bonne cavalerie et quatre à cinq pièces de canon ?

» Lyon est évacué, toute la population s'est sauvée, les
boutiques sont fermées, les écriteaux enlevés, pas un sol
dans les caisses, aucune ressource dans l'arsenal. Que
faire dans cette position. Le général Musnier m'a proposé, il y a deux jours, d'évacuer Lyon qui n'était plus
tenable et d'aller prendre position sur la montagne... »

Et au Ministre de la guerre :

« Lyon est presque désert, tout le monde s'est enfui.
Le maréchal Augereau pense, comme le général Musnier,
comme moi, que le poste de Lyon n'est pas tenable. »

Augereau, de son côté, écrivait le 15, au major général :

« L'ennemi est, depuis avant-hier, 13, à Montluel, à
trois lieues de Lyon. Il est maître du passage des Rousses, du Fort-l'Ecluse, du pont de Seyssel ; il se présente
sur Lyon par les deux rives du Rhône et par la rive
droite de la Saône ; il en résulte que Lyon est dans le
plus grand danger. La force que nous avons disponible en
troupes de ligne ne présente pas plus de 1.100 combattants, si toutefois on appelle combattants des hommes
qui, pour la plupart, ont reçu, hier, des armes dont ils
ne connaissent pas l'usage... *Que Votre Altesse regarde
Lyon comme pris...* »

Il est impossible d'admettre que Bubna ne connût rien
de cette situation désespérée. Et quand tout renseignement de ce genre même lui aurait fait défaut, des hésitations aussi longues et des craintes aussi puériles seraient
encore inadmissibles. La retraite précipitée des Français,
quand il avait paru devant Bourg, la facilité avec laquelle
son avant-garde était parvenue jusqu'à Montluel, étaient
des indices qui eussent dû lui ouvrir les yeux, et il eût
suffi d'ailleurs d'une reconnaissance vigoureusement conduite pour lui fournir les renseignements dont il manquait
sur les forces exactes qu'il avait devant lui, et pour culbuter sans peine les avant-postes qui couvraient la ville.

Ce fut le 16 seulement que, rassuré sur le sort de
Zechmeister, il lui donna l'ordre de pénétrer en Savoie
avec cinq bataillons et demi, deux escadrons et une bat-

terie (1), et qu'il porta lui-même le gros de ses forces jusqu'à Pont-d'Ain.

Ses éclaireurs, ce même jour, vinrent jusqu'aux portes de Lyon. Mais tous ces retards avaient permis de rompre les digues des étangs, d'inonder la route de Pont-d'Ain à Lyon, vers Meximieux, et Bubna dut revenir sur ses pas pour prendre la route d'Ambérieu à Lyon.

Le 18, ses avant-postes étaient à nouveau aux portes de la ville, que les Français avaient évacuée en partie pour s'établir au faubourg de Vaise, sur la rive droite du Rhône. Mais il hésitait encore, passait sa journée à parlementer et, dans la nuit du 19 au 20, le général Musnier, renforcé par 700 hommes venus de Valence, reprenait l'offensive, culbutait ses avant-postes et les repoussait jusqu'à Meximieux.

Bubna avait perdu, par sa faute, l'occasion de s'emparer de Lyon ; il reculait devant des forces très inférieures en nombre, composées presque exclusivement de conscrits.

Il revenait prendre position à Pont-d'Ain avec des détachements à Bourg et à Villard, surveillant Lyon, la Saône et Mâcon.

Il allait rester inactif dans cette position jusqu'au 4 février.

Organisation de la défense en Savoie et en Dauphiné.

Avant de commencer l'étude des opérations militaires en Savoie, et afin de permettre de juger avec plus d'équité l'œuvre des défenseurs de la 7e division militaire, nous exposerons ici, très succinctement, l'état dans lequel se

---

(1) Folliet dit 3 bataillons (2.700 hommes) et 6 escadrons (1.200 hommes). Les chiffres donnés par le commandant Weil, et que nous avons adoptés, paraissent plus admissibles.

trouvait notre frontière des Alpes et du Léman, et quelles mesures furent prises pour remédier à la pénurie des moyens de défense.

Le récit de la perte de Genève nous a déjà permis de signaler ce dénuement. Nous avons vu cette ville, faute de préparation et de ressources suffisantes, capituler sans résistance et le commandant du territoire du Simplon abandonner le Valais à l'invasion autrichienne pour se replier sur Grenoble.

La détresse était partout la même.

Grenoble était tout aussi dépourvu que Genève. Il n'y avait pas un artilleur dans la ville, le général La Roche dut appeler de Valence les 50 canonniers que le général Dessaix était venu lui demander pour aider à la défense du chef-lieu du Léman.

A la date du 8 janvier, après avoir dépouillé de leurs garnisons Grenoble et Fort-Barraux, le commandant de la 7ᵉ division militaire réunissait avec peine 1.780 hommes. « Et encore vous observerez, écrivait-il au comte de Saint-Vallier, en lui adressant la situation générale du personnel de sa division, que, dans l'effectif des hommes présents dans chaque corps, il faut en déduire la moitié comme incapables de faire en ce moment aucun service de guerre soit par manque d'instruction militaire étant arrivés depuis peu de jours sous les drapeaux, ou parce qu'ils ont été renvoyés dernièrement des armées aux dépôts de leurs régiments pour y recevoir l'invalide, la retraite, la vétérance ou la réforme. »

Le 5 janvier, le maréchal Augereau avait été nommé au commandement de l'armée de Lyon. Nous reproduisons en partie le décret de nomination.

. ARTICLE PREMIER. — Le maréchal duc de Castiglione est nommé commandant en chef de l'armée de Lyon. Il aura le commandement de la ville, de la garde nationale de la ville, ainsi que des 19e et 7e divisions militaires.

L'armée de Lyon sera composée d'une division de troupes de ligne, formée des bataillons ci-après :

1° 8e régiment d'infanterie légère : 3e et 4e bataillons ; 18e régiment d'infanterie légère : 1er et 2e bataillons ; 32e régiment d'infanterie légère : 2e bataillon ; 5e régiment d'infanterie de ligne : 4e bataillon ; 11e régiment d'infanterie de ligne : 4e bataillon ; 23e régiment d'infanterie de ligne : 3e bataillon ; 24e régiment d'infanterie de ligne : 2e et 6e bataillons ; 60e régiment d'infanterie de ligne : 7e bataillon ; 64e régiment d'infanterie de ligne : 7e bataillon ; 79e régiment d'infanterie de ligne : 7e bataillon ; 81e régiment d'infanterie de ligne : 7e bataillon ; 16e régiment d'infanterie de ligne : 7e bataillon ; 145e régiment d'infanterie de ligne : 2e bataillon.

2° Du corps de gardes nationales dit de Lyon, formé ainsi qu'il suit.....

3° Du corps de gardes nationales dit du Dauphiné, formé ainsi qu'il suit.....

. . . .

En réalité, Napoléon avait résolu de créer une armée de Lyon, comprenant :

1° 18 bataillons, dits de la réserve de Genève, et formés avec 20.000 conscrits piémontais ;

2° 10 à 12 bataillons constitués avec les conscrits de la Savoie, de l'Ain et du Lyonnais ;

3° 10 à 12 bataillons, dits de la réserve de Nîmes, ce qui, joint à 15 ou 20 bataillons de gardes nationales et à 12.000 hommes de vieilles troupes que Suchet avait ordre d'envoyer de la Catalogne, devait (c'est le mot de l'Empereur) constituer une armée de premier ordre.

Mais, de tout cela, la plus grande partie n'exista jamais

que sur le papier, et le « ainsi qu'il suit » du décret qui nommait Augereau au commandement de cette armée, dont la constitution restait problématique, c'était l'aléa et c'était aussi le néant.

Les places fortes, qui eussent dû servir de points d'appui à la résistance et qui eussent pu, en retardant la marche de l'ennemi, permettre l'organisation d'une armée, étaient complètement impuissantes.

Au moment où l'entrée des Autrichiens à Genève faisait craindre une invasion du territoire que la faiblesse de nos troupes ne permettait d'empêcher, ni même de ralentir, le fort Barraux, le seul obstacle que l'ennemi dût trouver sur sa route de Genève jusqu'à Grenoble, était incomplètement armé et n'avait pas le moindre approvisionnement.

Grenoble même n'était pas mieux protégé.

Un mémoire, qui fut, sur sa demande, remis à M. de Saint-Vallier par les officiers compétents de la garnison, concluait en disant que la place n'était pas susceptible de défense.

« L'enceinte bastionnée qui entoure la ville n'a ni parapet, ni terre-pleins, les fossés n'ont pas plus de 3 pieds de profondeur. L'enceinte de la montagne, un simple mur, tombe en ruines. Pour réparer les remparts, il faudrait y employer 4.000 travailleurs pendant trois mois, à supposer qu'on pût opérer des épuisements presque impossibles en cette saison. Et, après cela, la ville ne pourrait être à l'abri d'un coup de main qu'en fortifiant les hauteurs de la Bastille, travail à exécuter tout entier dans le roc vif... »

Et pour payer ces travaux, c'est à peine s'il restait 7.000 francs dans les caisses du Trésor.

Les places des Hautes-Alpes étaient dans un état de délabrement tout aussi lamentable ; les rapports fournis par les commandants de place étaient unanimes à ce sujet. Les travaux entrepris n'avaient pas été terminés, les remparts tombaient en ruines, les ponts-levis avaient disparu ou ne fonctionnaient pas, les fossés étaient comblés, l'armement faisait défaut. Et la même plainte, toujours, revenait : « On n'a pas d'argent. »

L'état dans lequel se trouvaient les approvisionnements n'était pas plus rassurant. Hambourg, Magdebourg, Dantzig et les autres places fortes de l'Allemagne avaient accaparé les approvisionnements et les ressources qu'il eût fallu posséder, à cette heure critique, à Metz, à Besançon, à Lyon, à Grenoble.

En arrivant à Grenoble, M. de Saint-Vallier demanda au commissaire-ordonnateur, M. Bourgeois-Saint-Paul, de lui fournir un rapport détaillé des ressources de la 7e division militaire.

Ce rapport, en lui dévoilant la poignante réalité, lui fit connaître combien était ardue la tâche qu'il avait assumée.

« Les distributions sont difficiles, on manque de fonds, et les vendeurs ne veulent plus rien livrer qu'au comptant. Pour assurer les distributions de viande, il faut opérer par voie de réquisitions.

» Le service de fourniture des fourrages est totalement abandonné. Il ne reste que 400 chevaux disponibles dans la division.

» Il n'existe pas de magasin d'habillement, mais seulement un dépôt où sont versés les effets destinés aux prisonniers de guerre. On pourra aussi utiliser le dépôt de la légion portugaise dissoute par un décret du 28 décembre 1813.

» Les convois et les transports assurés par les compagnies O'ry et Boubée ont été jusqu'alors assurés. Mais le manque de fonds risque de les compromettre, et le découragement commmence à s'y manifester.

» Les équipages militaires font complètement défaut. Il n'existe pas de magasins pour le service du campement.

» Les hôpitaux sont en nombre insuffisant. Ils ne peuvent pas recevoir plus de 1.500 malades.

» Les places des Hautes-Alpes sont obligées de puiser à la réserve de Grenoble pour constituer leurs approvisionnements... »

Or, cette réserve même n'existait pas.

Organiser la résistance dans de telles conditions était une tâche bien difficile.

Il fallait s'occuper d'abord de créer une armée.

L'Empereur, pour remédier à la faiblesse des contingents, avait fait appel, ainsi que nous l'avons déjà dit, au dévouement des populations frontières, et M. de Montalivet adressa aux préfets, à ce sujet, une circulaire dont nous avons également parlé.

Presque en même temps, le duc de Feltre, ministre de la guerre, faisait parvenir aux commissaires que l'Empereur venait de nommer des instructions pour l'organisation des cohortes de gardes nationales. En surplus des légions déjà fournies par les levées prescrites par le décret impérial du 5 avril, la 7e division militaire devait organiser dix cohortes formant un total de 6.000 hommes.

Le 4 janvier, une autre circulaire fixait les garnisons des places de la région ; le total s'en élevait à 7.400 hommes. Et le 6, faisant le décompte des troupes qu'avait dû réunir le commissaire extraordinaire et qui devaient être sous les armes, le Ministre, tenant pour acquis ce qui avait été décrété, conjecturait que M. de Saint-Vallier disposait d'une armée de 18.960 hommes.

Il en était à tel point persuadé que, le 7 janvier, il

prescrivait de faire avancer les cohortes, « sans attendre, disait-il, que toute la cohorte fût organisée pour commencer le départ ».

L'illusion était grande.

Le 20 janvier, de nouveaux ordres étaient donnés. La levée des conscrits de 1815 était ordonnée. La revision devait commencer le 28, les départs s'effectuer aussitôt et être terminés le 8 février.

Mais autre chose était de prescrire les levées que de pourvoir au rassemblement des hommes. Le Ministre, malgré son optimisme, prévit que la levée en masse ne se ferait pas sans quelques difficultés. Il s'efforça, dans une nouvelle circulaire, de rassurer les esprits : « Les gardes nationales ne doivent pas combattre hors du territoire », disait-il, espérant ainsi vaincre les hésitations et les craintes et décider les populations à répondre sans trop de répugnance aux appels.

L'Empereur, trop occupé par ailleurs, et ses ministres, de Paris, pouvaient se leurrer de vains chiffres. Les commissaires et leurs aides, aux prises avec toutes les difficultés d'une levée en masse, ne pouvaient s'illusionner longtemps.

M. de Saint-Vallier avait communiqué, le 6 janvier, aux préfets, les ordres du Ministre de la guerre pour la formation des cohortes de gardes nationales et la levée en masse.

Le baron Fourier, dans l'Isère, le baron Finot, dans le Mont-Blanc, s'efforcèrent avec zèle de le seconder dans sa tâche. Le baron Finot, surtout, déploya, dès le début, une extraordinaire énergie.

Aux ordres du commissaire de l'Empereur, il répondit par des propositions qui témoignaient de la plus ferme volonté de trouver des hommes.

« Faire fournir par chaque commune, suivant ses ressources, un ou deux hommes, complètement armés et équipés, rappeler tous les officiers et soldats réformés ou retraités, réquisitionner les armes de toutes natures que possédaient les habitants, former des gendarmes et des douaniers de la région un corps régulier de cavalerie et d'infanterie... »

Usant des pouvoirs quasi discrétionnaires dont il disposait, il appliqua, dans son département, quelques-unes de ces mesures que le conseil de guerre de Grenoble rejeta, craignant que la malveillance des populations n'y vît un procédé violent de réquisition.

La levée de un ou deux hommes par commune ne produisit pas tous les résultats que le préfet en attendait ; mais il put tout au moins réunir en un corps organisé les 270 préposés des douanes, que l'invasion avait repoussés sur son territoire et, le 10 janvier, il les dirigeait sur Rumilly à la rencontre de l'ennemi.

Les gardes nationales s'organisaient lentement. Les guerres de l'Empire avaient pris presque tous les hommes valides ; les réformes furent nombreuses. Beaucoup aussi des hommes désignés ne répondirent pas à l'appel.

Sur 2.000 appelés de la Tour-du-Pin, 1.300 seulement se présentèrent ; 550 furent reconnus bons pour le service et incorporés.

Il était impossible, dans ces conditions, de réunir le contingent fixé.

Ce n'était point que l'esprit des populations fût réellement mauvais. Les habitants étaient volontiers disposés à se défendre. Mais ils eussent désiré, pour cela, être organisés dans leurs cantons. On préparait la défense locale, mais dans le but de prévenir les ordres de l'autorité préfectorale et de se soustraire à l'incorporation dans l'armée régulière.

L'enrôlement, en peu de temps, devint impopulaire.

Le dénuement général, la pénurie des vivres et des vêtements, l'irrégularité de la solde, l'incertitude où se trouvaient les hommes d'avoir leur subsistance assurée, expliquent trop les répugnances des populations.

Il semble pourtant que les appels eurent, dans la Savoie, plus de succès que dans l'Isère.

Le mérite en revient peut-être au général Dessaix, que l'Empereur, le 4 janvier, nommait, avec les pouvoirs les plus étendus, au commandement de la levée en masse dans le Mont-Blanc.

Bien qu'imparfaitement guéri de la dernière blessure reçue à la Moskova, où un biscaïen lui avait brisé l'avant-bras, il s'employa de toute sa popularité et consacra tous ses efforts à seconder les sollicitations du préfet. Le 10 janvier, il adressait à ses compatriotes un appel vibrant de patriotisme :

« Aux armes ! braves habitants du Mont-Blanc, disait-il. L'ennemi occupe une partie de votre territoire et médite de l'envahir tout entier. » Et il les conjurait d'opposer une vigoureuse résistance à l'ennemi, de défendre leur territoire, leurs propriétés, leurs femmes et leurs enfants, avec ce courage et cette énergie dont leurs ancêtres avaient donné des preuves si multipliées.

« Sa Majesté a ordonné une levée en masse du département, ajoutait-il. Elle a bien voulu m'en donner le commandement. Justifions tous par une attitude fière et par notre énergie la confiance qu'elle nous accorde. Les ennemis se retireront épouvantés de notre fière résolution.

» Une paix honorable sera le résultat de nos efforts, comblera les désirs de notre auguste Empereur et les vœux de tous les Français.

» Qu'Honneur et Patrie soit notre mot d'ordre et Napoléon celui de ralliement... »

Il organisait aussitôt les douaniers de l'inspection de Thonon en compagnie franche, sous les ordres de l'inspecteur Armand du Bois.

En même temps, il adressait un appel aux gardes champêtres, aux forestiers, aux militaires retraités, et ouvrit un contrôle pour la formation d'un corps franc. Mais la plupart étaient de vieux soldats infirmes, et il fut difficile d'en tirer parti.

Le 11 janvier, il prenait un arrêté par lequel il accordait leur grâce aux réfractaires qui reviendraient avant trois jours. Cette mesure produisit les meilleurs résultats.

Le 12, l'ordre de la levée en masse appelait sous les drapeaux tous les hommes de 20 à 60 ans. Le 15, le travail préparatoire était achevé. La levée devait fournir 9.750 hommes. Mais l'ennemi, qui se présenta presque aussitôt, arrêta les enrôlements, et la plus grande partie de cet effectif n'exista jamais que sur le papier.

Toute la popularité du général Dessaix et tous ses efforts, l'énergie désespérée du baron Finot et les mesures que lui suggérait la gravité de la situation, n'obtinrent, en fin de compte, que de médiocres résultats.

L'ennemi s'avançait sans que nos faibles troupes pussent faire une résistance sérieuse. La crainte paralysait les bonnes volontés ; les proclamations autrichiennes, pacifiques et mensongères, encourageaient les désertions et l'insoumission.

Et, parallèlement aux efforts du général Dessaix et du préfet Finot, les partisans de l'ancien régime essayèrent de susciter dans la population et, en faveur du roi de Sardaigne, un mouvement que les Autrichiens s'empressèrent de favoriser de tout leur pouvoir.

Le général James de Sonnaz s'était mis à la tête du mouvement.

Serviteur fidèle du roi Amédée III, il lui avait gardé, malgré l'occupation française, toute son affection et tout son dévouement. Le Français, pour lui, était resté l'ennemi.

Aussi dès que Thonon, qu'il habitait, eût été évacué par nos troupes, il leva l'étendard de la révolte et aussitôt détacha ses deux fils auprès de Schwarzenberg, pour soumettre à son approbation le plan du soulèvement qui devait rendre la Savoie à son ancien roi.

Les souverains eux-mêmes reçurent les fils du général, et, si leur diplomatie ne leur permit point de donner une adhésion pleine et entière aux vues du vieux général en consacrant, dès le début de la campagne, le retour de la Savoie à son ancien maître, ils ne cachèrent point que leurs sympathies lui étaient acquises et ils lui accordèrent plus que l'autorisation demandée.

Dès le 14 janvier, en effet, le baron Simbschen, commandant le corps d'occupation de Thonon, écrivait dans une proclamation : « Vieux guerriers de la Savoie ! rangez-vous de nouveau sous les drapeaux de votre monarque chéri ! »

Et, le 17 janvier, le général de Sonnaz adressait à ses compatriotes la proclamation que voici :

« Braves guerriers de la Savoie,

« Votre vieux général vous appelle à servir votre roi, votre patrie et la cause commune de l'Europe... Notre unique but est de servir notre bon roi, de rendre son nom à la patrie et de coopérer de toutes nos forces au rétablissement du repos et de la paix du monde. Quel est le Savoyard qui serait sourd à la voix de la patrie et de l'honneur, qui ne voudrait pas partager les périls et les lauriers de ses compatriotes et de *nos vaillants libérateurs* ? »

Le 21 janvier, il décrétait la formation, à la Roche, Annecy, Rumilly et Thonon, des quatre anciens régiments : Savoie, Chablais, Maurienne et Genevois.

Le général Bubna donnait, en même temps, aux maires de toutes les communes des ordres formels pour favoriser l'enrôlement des volontaires.

Nous devons à la vérité de dire que la Savoie tout entière ne fut pas contre nous. Beaucoup de Savoyards nous restèrent fidèles, mais beaucoup aussi, poussés surtout par le clergé et la noblesse, nous abandonnèrent, et les efforts du général de Sonnaz ne restèrent pas infructueux.

Le marquis de Trédiciñï, dans le panégyrique qu'il a écrit du général de Sonnaz, nous a laissé, en des documents d'une précision accablante, les listes nominatives des nombreux Savoyards qui s'enrôlèrent alors sous la bannière du général.

Et, si ce soulèvement ne produisit pas tous les fruits qu'en pouvaient espérer nos adversaires, c'est que deux événements vinrent frapper à mort cette œuvre encore en voie d'organisation.

Le 20 février, le général de Sonnaz mourait à Chambéry et, ce même jour, les Français, victorieux, rentraient en Savoie.

Pourtant, avant de juger et de condamner trop sévèrement les agissements des Savoyards, il est bon de rappeler quelle était alors leur situation.

Ils sont Français, c'est vrai, de par leurs lois, leurs administrations, leurs serments, leurs obligations mêmes envers l'Empereur, et toute lenteur, toute hésitation à défendre leur pays de l'invasion autrichienne est une faute, leur alliance avec l'envahisseur est un crime de lèse-patrie. Mais que l'on se souvienne, en même temps, qu'ils sont Français depuis vingt ans à peine ; que la lutte qui les fit Français ne fut pas toujours courtoise ; que ceux qui se refusèrent alors de reconnaître les bien-

faits de la Révolution furent traités en révoltés ; que la
guillotine et la fusillade furent trop souvent les derniers
arguments des promoteurs des idées nouvelles, et que le
règne ensanglanté de la Terreur avait eu, dans Chambéry, un écho, affaibli il est vrai, mais trop sensible
pourtant pour n'y avoir pas laissé des haines encore
inassouvies.

La tranquillité était revenue. Mais les nécessités de
guerres sans cesse renaissantes s'étaient appesanties sur
la Savoie comme sur le reste de la France. La conscrip-
tion y avait soulevé bien des colères et causé bien des
deuils. Et ces vieux levains de rancune, et cette haine
contre la politique guerrière de Napoléon, et ce qui restait chez les Savoyards de leur amour séculaire pour
l'ancienne monarchie, tout cela était soigneusement en-
tretenu et avivé par les prédications du clergé, et les
exhortations de la noblesse restée, en grand nombre,
après le départ de ses souverains, attachée qu'elle était
au sol natal par ses souvenirs ou ses intérêts.

Ne jugeons donc pas trop sévèrement leur conduite envers nous. L'assimilation n'était pas complète, beaucoup
se considéraient encore comme des prisonniers de la
France que les alliés allaient délivrer.

Soyons justes ! L'entrée de Montesquieu à Chambéry,
en 1792, et l'occupation française qui s'ensuivit furent
marquées de trop de violences et firent couler trop de
sang pour que, vingt ans après, l'ancien régime ne conser-
vât pas de nombreux adhérents. La masse subissait les
faits, mais ne les acceptait pas. Et il fallait vraiment qu'il
en fût ainsi pour que le nom de Dessaix, le plus populaire
des héros savoyards, restât impuissant à rallier les sympathies et le concours de tous ses compatriotes.

Quelques-uns pourtant restèrent fidèles à la France et
à son Empereur. Et, parmi ceux-ci, le maire de Chambéry, M. d'Oncieu de la Bathie, qui ne ménagea ni son

dévouement ni son influence. Mais la défection de la masse, autant que la présence des troupes autrichiennes, paralysa les efforts de ceux, en faible minorité, qui, après avoir accepté le nouvel état de choses, lui conservèrent loyalement leur fidélité et leur dévouement.

Rassurés et encouragés par les menées du général de Sonnaz, le mécontentement et les dispositions hostiles se montrèrent plus ouvertement. Des bandes d'insoumis arrêtèrent les convois de réfractaires et de conscrits, firent évader les prisonniers.

Les autorités municipales restaient inertes, manquaient d'adresse, opposaient la force d'inertie et même faisaient preuve, quelquefois, de mauvaise volonté. L'apathie, la crainte et le mécontentement se liguaient donc contre nous. Aussi les résultats obtenus, malgré tous les efforts, restèrent presque insignifiants.

« Votre Maurienne est animée d'un très mauvais esprit...

« Une défection très inquiétante se manifeste parmi les soldats du Mont-Blanc... qui se trouvent dans les corps qui sont au Mont-Cenis..... », écrivait le général baron de La Roncière au général La Roche.

« ... J'ai des détachements à Saint-Pierre-d'Albigny et dans la commune de l'Hôpital, pour couvrir la route par laquelle les uhlans pourraient s'introduire dans la Maurienne où, d'avance, je suis certain qu'il seraient bien reçus, puisque les habitants de ces contrées, par leurs mauvais conseils, ont fait déserter une grande partie des conscrits qui étaient dirigés de la France sur l'Italie, et que, depuis peu de jours, à ce que vient de me marquer le chef d'état-major de la 27e division militaire à Turin, ces mêmes montagnards ont fait évader la moitié d'un convoi de six cents prisonniers de guerre autri-

chiens, qui venaient de l'Italie pour rentrer en France »,
écrivait aussi le général La Roche à M. de Saint-Vallier.

« Plusieurs maires craignent de faire quelque chose à
cet égard, m'ayant écrit qu'il n'y avait point de bonne
volonté et qu'ils recevaient des injures lorsqu'ils par-
laient de cette mesure (l'enrôlement volontaire)...

» On m'écoute, mais on n'agit pas », mandait le préfet
de Chambéry à M. de Saint-Vallier...

« L'ennemi a été guidé par les habitants de Saint-Jean-
de-Couz...

» L'on sait que des habitants des Echelles (département du Mont-Blanc) plusieurs ont des relations avec
l'ennemi...

» L'esprit des habitants du Mont-Blanc est généralement
mauvais ; ils obéissent, mais l'on voit que ce n'est que
par contrainte, et l'espionnage est en activité par des sentiers qu'on ne peut tous occuper..... (Le général de Barral à M. de Saint-Vallier.)

« J'ignore si l'ennemi a fait occuper Novalaise ; ce
qu'il y a de très funeste pour nous, c'est qu'il est reçu
à bras ouverts dans tous les villages du Mont-Blanc.
Quand j'aurais bien à ma disposition des gardes nationales, elles seraient paralysées, livrées ou vendues par
nos malheureux voisins, mais elles pourraient seconder
nos troupes de ligne.

» Je suis dans une position très pénible, je n'ai pas un
homme à caractère autour de moi. J'étais parvenu à
réunir, ce matin, 200 hommes de garde nationale, il ne
m'en reste pas 100 au moment où je vous écris. Si j'avais
eu de la troupe réglée autour de moi, je les aurais rete-
nus par force.

» Cinquante hommes sont capables de faire composer
le Pont-de-Beauvoisin (Isère) à l'aide des Savoyards. »
(Le sous-préfet de Chambéry à M. de Saint-Vallier.)

Le 12 janvier, on n'avait pu réunir que 2.300 hommes à peine ; leur nombre, les jours suivants, ne s'accrut guère, si l'on en juge par ce qu'écrivait le 15 janvier, à M. de Saint-Vallier, le préfet du Mont-Blanc.

« Le coût des troupes réunies dans le Mont-Blanc coûte par jour au département 600 francs en viande, fourrages, etc... » Et quels hommes étaient-ce là ? « La plupart des sous-officiers n'ont pas même six mois de service », répondait le général La Roche à M. de Saint-Vallier, qui lui reprochait sa lenteur.

« Le service de l'artillerie n'était pas assuré. On manquait de canonniers (1), et les hommes appelés par réquisition, pour conduire de gîte en gîte les quelques canons dont on disposait, s'échappaient à la première occasion. »

Ce n'était pas avec de telles ressources que l'on pouvait espérer arrêter l'invasion autrichienne.

Ne comptant pas sur les secours incertains d'une levée en masse, dont il prévoyait les déboires, M. de Saint-Vallier résolut de s'adresser ailleurs. Et, puisque le pays ne pouvait lui fournir que des recrues sans instruction et sans solidité ou des hommes infirmes, il fit appel aux troupes aguerries des armées d'Italie et des Pyrénées.

Le général La Roche, avant lui, y avait déjà pensé, et, se basant sur la nécessité qu'il y avait, pour l'armée d'Italie, à conserver ses communications avec la France par la Maurienne et le Mont-Cenis, il avait adressé des demandes de renforts au prince Eugène. Deux compagnies d'artillerie furent envoyées de Turin à Briançon et

---

(1) Un vieux sergent de la République, qui avait une jambe de bois, avait demandé à reprendre du service. Il dirigeait une pièce, sur laquelle il se faisait hisser, quand il fallait changer de position. (Croisolet, *Histoire de Rumilly*.)

Mont-Dauphin. Mais, jusqu'au commencement de février, malgré les supplications réitérées du général La Roche, puis de M. de Saint-Vallier, malgré les espérances entretenues par les dépêches du Ministre de la guerre, ce fut tout ce que l'armée de Savoie put obtenir. Contenu sur l'Adige par les forces ennemies, menacé sur son flanc droit par la défection de Murat, inquiété sur sa gauche par l'apparition des troupes autrichiennes dans le Valais, obligé de jeter des garnisons dans les nombreuses places fortes de l'Italie septentrionale et du Piémont, le prince Eugène ne pouvait être que d'un infime secours aux défenseurs de la Savoie.

Et lorsque les Autrichiens, pénétrant jusqu'à Montmélian, vinrent menacer la Maurienne et nos communications par le Mont-Cenis, ce fut à grand'peine que le général La Roncière, qui commandait à Turin, put envoyer 500 hommes, dont 25 chasseurs à cheval pour venir en aide au général Dessaix. La division Vedel, détachée au mois de mars, au secours du maréchal Augereau, arriva trop tard et ne put qu'assister, impuissante, à la retraite de nos troupes derrière l'Isère.

L'Empereur avait aussi décidé que l'armée de Catalogne fournirait au maréchal Augereau un contingent de vieilles troupes qui encadreraient les nouvelles formations.

Le commissaire extraordinaire voulut en avoir sa part.

Il écrivit au Ministre, supplia le duc de Castiglione, se fit pressant, importun même, lui exposant chaque jour, avec une insistance que rien ne lassait, la pénurie de ses forces et de ses ressources.

C'est à peine s'il obtint quelques bataillons.

Ce fut donc avec ou presque les seules ressources qu'ils surent trouver dans le pays que les généraux Marchand et Dessaix durent lutter pour la délivrance du territoire.

En même temps qu'il s'efforçait de créer une armée,

M. de Saint-Vallier s'occupait de rassembler les approvisionnements nécessaires à sa subsistance.

La chose avait son importance, car nous avons vu
que beaucoup se refusaient à l'enrôlement par crainte de
ne trouver à l'armée ni les vivres, ni l'habillement indispensables.

Là encore, les difficultés furent nombreuses et déli-
cates. On manquait de fonds : à Grenoble, à Chambéry,
à Gap, partout la détresse était profonde. Les impôts ne
rentraient pas. Les contribuables, assurés de l'impunité,
se refusaient à payer ; le Trésor restait vide. Les payeurs
durent ajourner leurs paiements, et les fournisseurs ne
purent bientôt plus solder aux propriétaires, qui refusaient
les bons du Trésor, les marchandises qu'ils leur prenaient.
Les adjudications restèrent sans résultat.

Il fallut recourir aux réquisitions.

M. de Saint-Vallier s'efforça, sans y parvenir toujours,
d'en adoucir les rigueurs. Les réquisitions, facilement
obtenues d'abord, devinrent de plus en plus difficiles, et
si l'on put encore fournir le nécessaire à l'armée, les
approvisionnements des places fortes restèrent presque
tous incomplets.

Le fort Barraux, le plus directement menacé, ne reçut
jamais l'approvisionnement fixé par le Ministre. Les places
fortes des Hautes-Alpes furent presque totalement délais-
sées, et il fut impossible de rien obtenir pour Grenoble.

« Il n'y a rien de fait, malgré les ordres du Ministre,
pour approvisionner Grenoble pour une garnison de
1.200 hommes et de 50 chevaux pour trois mois, écrit
M. de Saint-Vallier le 24 janvier.

» Le commissaire-ordonnateur n'a rien à sa disposition,
et il n'y a pas d'approvisionnement de siège pour la
place de Grenoble pour seulement la nourriture de deux
hommes. »

Il fallait à ses organisateurs bien de l'énergie, de l'habileté et de la persévérance pour que la défense, entreprise dans des conditions aussi déplorables, obtînt quelques résultats heureux.

Voyons ce qu'il en advint dans la 7e région militaire.

Opérations en Savoie du 2 au 21 janvier.

Nous avons vu que Zechmeister avait été laissé par Bubna à la défense de Genève, avec 4 bataillons et 1 escadron et demi (3.000 hommes).

Les troupes françaises qu'il avait en face de lui n'avaient reçu aucune organisation. Le général La Roche, qui les commandait, était encore à Grenoble. Quand le général Dessaix était venu, le 22 décembre, lui réclamer des canonniers pour servir l'artillerie de Genève, il écrivait au Ministre pour lui demander des instructions. Ce ne fut que sur les sollicitations pressantes de Dessaix qu'il consentit à faire venir 50 artilleurs de Valence. Mesure trop tardive d'ailleurs, car, en arrivant à Chambéry, Dessaix y apprit la nouvelle de la reddition de Genève.

Le 2 janvier seulement le général La Roche se rendit à Chambéry.

Chose plus grave, l'entente n'existait pas entre les commandants des troupes de Lyon et de Grenoble.

Le général Musnier, nommé le 3 janvier au commandement des troupes rassemblées à Lyon, avec mission de couvrir cette ville et de marcher sur Genève, crut pouvoir donner des ordres au général La Roche. En prenant possession de son commandement, il lui écrivait de venir se joindre à lui à Bourg.

Le général La Roche répondit par un refus formel, et il en référa à M. de Saint-Vallier. Celui-ci, s'inspirant plus peut-être de ses sentiments dauphinois que de la situation véritable des partis en présence, l'approuva pleinement. Les réclamations réitérées du général Musnier, l'intervention, les menaces presque de son collègue de Lyon, M. Chaptal, l'intervention du Ministre elle-même, rien n'y fit. M. de Saint-Vallier avait reçu de l'Empereur la mission de défendre le territoire de la 7° division militaire. Il ne voulut pas voir plus loin. Méconnaissant ou interprétant mal les ordres du Ministre lui disant « que les troupes existantes à Grenoble étaient destinées à préserver, s'il en était besoin et à l'aide des commandants de troupes de la 7° division, les départements qui la comprennent ou l'avoisinent, d'une invasion de la part de l'ennemi », il s'obstina à considérer les troupes dont disposait le général La Roche comme les garnisons de Grenoble et de Fort-Barraux.

Ces troupes, il les garda et signifia au général La Roche qu'il avait à défendre la 7° division avant tout.

Nous croyons qu'en cette occurrence il eut tort. Il ne comprit pas que, dans les circonstances actuelles plus que jamais, la division des forces était une faute, que de petits groupes comme ceux dont disposaient les généraux La Roche et Musnier étaient trop faibles pour agir séparément avec quelques chances de succès ; que le sort de Grenoble était intimement lié à celui de Lyon et que le meilleur moyen de protéger la Savoie, la vallée du Grésivaudan et Grenoble, était de réunir, à proximité de la route de marche de l'ennemi, le maximum des forces disponibles pour menacer ses flancs et ses communications et attirer son attention du côté de ce rassemblement.

Il était Dauphinois d'abord, et son patriotisme local exagéré le trompa.

Séparées par le Rhône, le Jura et tout le massif de la Chartreuse, les troupes des généraux Musnier et La Roche, ne pouvant se prêter un mutuel appui, étaient trop faibles pour résister, chacune de leur côté, aux forces qui leur étaient opposées.

Réunies, elles auraient formé, défalcation faite de la garnison qu'on eût pu laisser à Fort-Barraux, un effectif de plus de 3.000 hommes. Concentrées dans la région entre Pont-d'Ain, Ambérieu, Culoz et Saint-Genix, région couverte et accidentée, se prêtant bien à la lutte des petits détachements, ayant toutes facilités de tirer leur ravitaillement de Lyon, Chambéry, ou des plaines fertiles et riches de l'Isère, vers Bourgoin, disposant des ponts de Culoz et de la Balme, ce qui leur permettait d'agir à volonté sur les deux rives du fleuve, ces forces pouvaient déboucher soit vers Bourg, soit vers Seyssel et Genève, contre l'une ou l'autre des colonnes autrichiennes de Bubna ou Zechmeister n'ayant conservé entre elles, à travers le massif du Jura, qu'une liaison insuffisante.

Elles eussent été assez fortes pour bousculer les troupes de Zechmeister avant que Bubna pût, de Poligny, accourir à leur secours. Elles eussent été assez fortes aussi pour paralyser l'offensive de Bubna sur Lyon : conduites avec un peu de hardiesse, elles pouvaient faire subir aux petits détachements dont le général autrichien couvrit sa marche, pendant toute cette première période, plus d'un sanglant échec.

Quelques petits avantages des troupes françaises eussent produit, sur le caractère timoré et hésitant de Bubna, un très fâcheux effet. Les inquiétudes qu'il montra à Bourg, du 11 au 16 janvier, en sont la preuve.

Arrêté, tenu en échec, harcelé sans cesse par les troupes françaises, reçu à coups de fusils par les populations sur le concours desquelles il avait compté, Bubna n'eût pas osé probablement pousser son lieutenant sur Chambéry et Grenoble.

Le 2 janvier, Zechmeister attaquait le fort l'Écluse, qui se rendait au premier coup de canon, et il poussait ses avant-postes jusque sur les rives des torrents des Usses.

Mais, le 5, il prévenait son chef que des rassemblements de troupes lui étaient signalés à Grenoble et à Chambéry, que l'ennemi s'était renforcé à Rumilly et Alby, que les escadrons lancés à la découverte dans cette direction avaient dû se replier sur Frangy et Cruseilles, et il lui apprenait en même temps l'échec d'une attaque tentée sur Châtillon dans la nuit du 4 au 5.

Ces mauvaises nouvelles furent en grande partie cause de la pointe poussée sur Bourg par Bubna, malgré les ordres de Schwarzenberg le rappelant vers Dijon.

Elles furent cause encore de son inaction du 11 au 16, jusqu'au moment où il eut reçu de meilleures nouvelles et l'assurance que Zechmeister n'avait en face de lui que des forces sans importance.

Le général La Roche avait quitté Grenoble le 30 décembre. Il prenait au passage les troupes disponibles de Barraux et recueillait à Chambéry les garnisons de Genève et de Thonon. Il arrivait ainsi à former une troupe d'environ 1.800 hommes.

Voyons ce qu'il en fit.

« J'ai placé mes troupes, écrit-il le 9 janvier au comte de Saint-Vallier, à Aix, Rumilly, Albens et Alby, et demain, au moyen d'un fort détachement de douaniers, je me propose de faire occuper Annecy, où les Autrichiens envoient journellement des reconnaissances de cavalerie. J'ai aussi des détachements à Saint-Pierre-d'Albigny et dans la commune de l'Hôpital, pour couvrir la route par laquelle les uhlans pourraient s'introduire dans la Maurienne, où, d'avance, je suis certain qu'ils seraient bien reçus, puisque les habitants de ces contrées, par leurs mauvais conseils, ont fait déserter une grande partie des conscrits qui étaient dirigés de la France sur l'Italie, et que depuis peu de jours, à ce que vient de me marquer le chef de l'état-major de la 27e division militaire à Turin, ces mêmes montagnards ont fait évader la moitié d'un convoi de six cents prisonniers de guerre autrichiens qui venaient de l'Italie pour rentrer en France.

» J'ai également un gros détachement à Montmélian, que je me propose de diminuer demain, pour disposer une partie des hommes qui le composent pour l'établissement d'un nouveau poste ; il y a aussi des petits détachements de douaniers aux Echelles, au Mont du Chat, au Pont-de-Beauvoisin et à Seyssel, disposés de manière à pouvoir se communiquer au besoin. »

« L'ennemi avait 500 hommes à Rumilly, 600 hommes à Annecy, 400 hommes à Alby, 500 à Albens », écrit le général Zechmeïster à Bubna dans son rapport sur les opérations du 18 janvier.

C'était l'éparpillement, la dispersion sur tout le front menacé, de Seyssel à Saint-Pierre-d'Albigny, la présence partout, la force nulle part.

Observer l'ennemi, surveiller ses mouvements, les entraver et les retarder dans la mesure du possible, tel devait être le rôle du général La Roche. En faisant occuper par de petits détachements Annecy et Rumilly et surveiller les directions dangereuses de Bonneville et de Genève, en poussant quelques reconnaissances vers le Rhône et dans les Bauges pour se renseigner sur ce qui s'y passait, ou même en se fiant pour cela aux postes de douaniers et de gendarmes et en concentrant vers Albens ou Alby le gros de ses forces qu'il pouvait ainsi à volonté porter vers Rumilly ou Annecy, le général La Roche eût fait tout ce qu'il lui était humainement et rationnellement possible de faire.

Il sentit d'ailleurs les dangers de sa situation et transmit à M. de Saint-Vallier une demande l'autorisant à changer les emplacements de ses troupes, en les concentrant davantage. Mais il eut le tort de lui proposer leur établissement sur une nouvelle position, plus favorable peut-être, mais plus en retrait.

Le patriotisme dauphinois de M. de Saint-Vallier s'en émut. Il répondit aussitôt en lui ordonnant de conserver ses positions.

Prévoyant pourtant que nos troupes seraient bientôt forcées, il lui prescrivait, en même temps qu'au préfet du département du Mont-Blanc, d'organiser la retraite en arrière de Chambéry sur les Echelles, la vallée du Guiers et le Rhône. Comptant sur Fort-Barraux pour barrer aux Autrichiens la route de Grenoble par la vallée du Graisivaudan, il faisait ainsi couvrir, par les troupes de campagne, les directions dangereuses des Echelles et de Voiron.

Quelques mesures de détail furent prises pour entraver et retarder la marche de l'ennemi.

Un arrêté du préfet du Mont-Blanc prescrivait que tous les bacs et bateaux « servant, soit au passage du Rhône et de ses affluents, soit à l'exploitation des propriétés de la rive droite dans les communes de Seyssel à Saint-Genix, seraient immédiatement dérivés et conduits à Lyon.

L'ordre avait été donné de couper les ponts de Rumilly et d'Alby. Cédant aux observations de l'ingénieur en chef des ponts et chaussées, on se décidait à couper ceux de Coppet et de Brogny, au nord de Rumilly et d'Annecy. Le 17 janvier, des ordres étaient donnés dans ce sens.

Mais l'ennemi ne nous laissa pas le temps de l'exécution. La catastrophe prévue par le général La Roche, aussi bien que par le comte de Saint-Vallier allait se réaliser.

Le 16 janvier, Zechmeister s'était emparé du fort de Joux, assurant ainsi la possession de Genève et la sécurité de ses communications avec le corps de Bubna.

Craignant cependant que les 3.000 hommes que lui avait laissés son chef ne pussent suffir pour lui assurer la possession de Genève contre un retour offensif des Français, il s'était employé à compléter les fortifications de la ville et avait organisé un corps de chasseurs volontaires.

Puis, le 18, pendant que Bubna hésitait devant Lyon, il prenait l'offensive et attaquait les Français dans leurs positions de Rumilly et d'Annecy, et les repoussait sur Aix.

L'attaque se fit en trois colonnes.

La première occupa Annecy presque sans coup férir. La deuxième, forte de 1.800 fantassins, 500 cavaliers, 5 à 6 pièces de canon, 1 obusier, attaqua Rumilly.

L'inspecteur des douanes Adine, qui couvrait la ville, avait sous ses ordres : 38 hommes du 8e léger, 165 hommes du 60e de ligne de la garnison de Genève, 164 préposés des douanes, 17 chasseurs à cheval.

L'ennemi parvint à empêcher la destruction déjà commencée du pont de Coppet, mais il fut, pendant deux heures, arrêté par nos troupes qui s'étaient établies sur les hauteurs de Gandin, et qui ne se décidèrent à la retraite que lorsque la troisième colonne ennemie, venue de Seyssel, déboucha dans la plaine du Bouchet, menaçant de les tourner en attaquant Rumilly par le faubourg de Curdy.

Vivement poursuivies, nos troupes se jetèrent dans la montagne à l'ouest et parvinrent à s'échapper. Nous avions néanmoins perdu une centaine d'hommes, presque tous prisonniers.

Le général Zechmeister vint prendre position à Rumilly et à Alby, couvert par ses avant-postes à La Biolle. Des détachements de deux compagnies chacun, à Seyssel et Annecy, protégeaient les deux flancs de sa colonne.

Pourtant, malgré la facilité avec laquelle il était resté maître du champ de bataille, il s'abusa encore sur la force véritable de son adversaire. Il lui accordait encore 2.000 hommes et, faisant part de ses projets à son chef, il lui écrivait : « Il m'est impossible de dire actuellement si je pourrai tenter après-demain quelque chose contre Chambéry, où il y a trois dépôts de régiments et où l'ennemi, s'il réussit à y rallier tout son monde, pourra m'opposer 3.000 hommes... »

Le lendemain il est un peu mieux renseigné.

« Après avoir opéré ma jonction avec la colonne venue par Alby, écrit-il, d'Annecy je me suis porté sur Aix. L'ennemi a évacué la ville à l'approche de mon avant-garde, et a pris position, avec 1.000 hommes, 2 canons et 1 obusier, en arrière de Ragès.

» Mes avant-postes sont au Vivier, où je concentrerai tout mon monde demain matin à 8 heures pour marcher sur Chambéry, que mes colonnes de flanc prendront à revers. Je pense y être vers midi. »

Le lendemain, 20 janvier, en effet, Zechmeister occupait Chambéry. Le général La Roche n'avait pas osé défendre la ville. « Monsieur le sénateur, écrit-il de Fort-Barraux le 20 janvier, j'ai rendu compte à M. le général Marchand du mouvement rétrograde de nos troupes du département du Mont-Blanc sur celui de l'Isère.

» La colonne a opéré son mouvement pendant la nuit, à cause des dispositions que l'ennemi faisait pour la tourner ; elle arrive en ce moment à Chaparcillan, où j'ai ordonné qu'elle s'arrête pour prendre position. J'ai laissé 600 hommes d'infanterie du côté de Montmélian et Pont-charra, que M. le général de division Dessaix, qui a avec lui des douaniers, a bien voulu se charger de diriger. »

Le même jour il était mis à la retraite et remplacé par le général Marchand.

« Vu l'urgence, disait le décret de M. de Saint-Vallier, et l'état de maladie où se trouve M. le général baron La Roche, la demande qu'a faite ce général d'être remplacé, la nécessité de concentrer l'action des forces destinées à la défense de la division, etc...

» Le général Marchand est nommé commandant en chef de la 7ᵉ division militaire. »

Certes, le général La Roche avait commis des fautes : connaissant très mal le pays, il n'avait guère su profiter des avantages qu'il offrait à la défense. Il s'était montré souvent indécis, hésitant. Il considérait la partie comme perdue d'avance. Il n'avait pas cette confiance en soi qui crée l'audace et peut, dans une certaine mesure, compenser l'infériorité du nombre. Brave, il l'était certes, comme tous les généraux de l'Empire ; mais, comme presque tous aussi, il manquait de l'instruction militaire et surtout des talents d'organisateur indispensables en des circonstances aussi critiques. La cause d'infirmité que l'on mettait à sa retraite n'était qu'une faible compensation de la mesure de rigueur prise contre lui. Par son immixtion dans la conduite des opérations, en ne lui laissant pas la liberté de ses mouvements, en subordonnant tous ses actes à une seule pensée, éviter l'invasion du Dauphiné, M. de Saint-Vallier, qui présentait le recul de nos troupes comme une fuite et ne cessait de se plaindre auprès du Ministre de l'incapacité de leur chef, avait, dans une large mesure, engagé sa part de responsabilité.

Avec les faibles moyens dont il disposait, manœuvrant dans un pays en grande partie hostile à notre influence, et où le soulèvement s'organisait déjà fortement, le général La Roche pouvait difficilement s'opposer avec succès à l'invasion autrichienne. Il eut surtout le grand tort de se trouver chargé de la défense d'une région où rien n'était préparé pour cela. La tâche était ingrate. Il ne voulut point s'y soustraire quoique malade déjà ; il y succomba sans gloire. Il partit, ne laissant aucuns regrets. Quelques-uns même l'ont accusé d'avoir été le principal artisan de notre défaite.

C'est trop. Et si nous avons réservé notre jugement sur ses talents militaires, nous devons rendre un juste hommage à son esprit de sacrifice et de dévouement.

L'occupation de Chambéry s'était faite sans résistance.

Le 21 janvier, le sous-préfet, M. Sirot, écrivait au comte de Saint-Vallier :

« Ayant envoyé des Echelles, hier matin, trois estafettes pour connaître les mouvements de l'ennemi, il résulte de leurs rapports que la ville de Chambéry a été occupée le 20, sur les 10 heures du matin, par 600 éclaireurs qui ont fait demander des logements. De plus, vers midi, 900 hommes de cavalerie sont entrés dans la ville, et l'on voyait déjà une avant-garde assez nombreuse à Saint-Jean-de-Couz, ce qui, d'après mes instructions. m'a décidé à me replier sur la commune du Pont-de-Beauvoisin, le seul point de mon arrondissement qui ne soit pas encore envahi.

» Peut-être serons-nous entièrement envahis aujourd'hui. On m'assure qu'ils sont au nombre de 30 aux Echelles, suivis de 60 cavaliers... »

Le 21 janvier, le mouvement en avant continuait. La colonne du général Zechmeister avait envoyé d'Annecy sur Montmélian, par les Bauges et le col du Frêne, un détachement qui devait essayer de couper la retraite aux troupes françaises et d'occuper avant elles Montmélian et le pont sur l'Isère.

Heureusement pour nous, le 20, Dessaix y avait devancé

l'ennemi avec 600 hommes et 10 chevaux et avait pris
les premières mesures indispensables pour interdire à
l'ennemi le passage de la rivière.

Mais, refoulé le 21 sur la rive gauche, il n'eut pas
le temps de détruire le pont, et se replia vers Pontcharra,
à hauteur de Fort-Barraux, suivi par l'ennemi qui s'établit à la Chavanne.

Pendant ce temps, le général Marchand prenait position à Fort-Barraux, appuyant sa gauche à Belle-Combette, sa droite à l'Isère, détachant à Pontcharra un
poste chargé d'assurer sa liaison avec Dessaix.

Le gros du général Zechmeister occupait Chambéry
et détachait deux compagnies et deux pelotons à Saint-
Thibaud-de-Couz, sur la route de Lyon ; ses avant-postes
tenaient la Chavanne, Montmélian et la haute vallée de
l'Isère, sur la rive droite, jusqu'à Conflans.

L'invasion autrichienne s'étendait donc largement en
Savoie. Toute la plaine de Chambéry était en leur pouvoir, et leurs avant-gardes menaçaient le passage des
Echelles. Ce passage forcé, ils pourraient à leur gré se
porter sur Lyon par la vallée du Guiers et le Rhône, ou
sur Grenoble, par Saint-Laurent-du-Pont.

Le maréchal Augereau s'était rendu compte de l'importance de ce passage, et le 22 janvier, un peu tard déjà,
il écrivait à M. de Saint-Vallier :

« Monsieur le Comte, je reçois à l'instant votre dépêche
d'hier 21. Ordonnez, je vous prie, de ma part aux généraux Marchand et Dessaix de s'attacher à défendre le
passage des Echelles, et dites-leur bien, qu'à quelque prix
que ce soit, ils doivent tenir dans Grenoble. Ces deux
officiers généraux comptent parmi les plus distingués
que nous avons ; ainsi, qu'ils tiennent. »

Nous avons vu que telle avait été également la première
idée de M. de Saint-Vallier. Mais son opinion s'était

modifiée avec les événements. L'apparition des Autrichiens à Chambéry, la rapidité de leurs succès l'avaient affolé. Il n'avait plus dans la résistance de Fort-Barraux la même confiance. Et quand le maréchal Augereau lui demandait de défendre la route de Lyon, il jetait sur la route de Grenoble à Montmélian, au-devant de l'ennemi, tout ce qu'il avait de troupes disponibles, d'instinct, comme un homme jette les bras en avant pour se protéger du choc qui le menace. C'était d'après ses instructions nouvelles que Marchand et Dessaix s'étaient repliés sur l'Isère, au lieu de battre en retraite sur le passage de la Grotte, ainsi qu'il avait été primitivement décidé. ·

M. de Saint-Vallier ne s'était pas rendu compte que le passage des Echelles forcé, c'était la route de Saint-Laurent-du-Pont sur Grenoble ouverte à l'ennemi, la position des généraux Marchand et Dessaix tournée, et Grenoble envahi quand même, Grenoble qu'il voulait défendre avant tout et à tout prix.

On peut se demander ·s'il eût été préférable vraiment que les troupes françaises se retirassent sur la Grotte, en jetant dans Fort-Barraux une garnison suffisante, à qui incomberait le soin de défendre aux Autrichiens l'entrée de la vallée du Graisivaudan.

La réponse ne nous paraît pas douteuse ; le cas est analogue à celui que nous avons étudié précédemment, quand M. de Saint-Vallier s'opposa à la réunion des troupes des généraux Musnier et Marchand.

C'était, encore une fois, par la concentration de toutes les forces disponibles en une masse constituée le plus fortement possible qu'on avait le plus de chances d'arrêter l'offensive autrichienne. Et puisque nos jeunes troupes n'étaient ni assez nombreuses, ni assez solides pour se mesurer en rase campagne avec leurs adversaires, puisqu'elles ne pouvaient couvrir directement les deux routes de Chambéry à Grenoble par Montmélian et les Echelles, il fallait faire de la couverture indirecte et demander aux obstacles et aux difficultés du terrain le surcroît de force et de résistance qui leur faisait défaut.

« Pour couvrir Gênes, a dit Napoléon, Beaulieu aurait dû faire de la couverture indirecte en réunissant toutes ses forces entre Acqui et Cairo, sur le flanc gauche de la marche présumée des Français vers Gênes, par la Corniche.

» Après Montenotte, les Piémontais, au lieu d'occuper Millesimo, auraient dû appuyer sur Dego pour se réunir aux Autrichiens. Ils eussent ainsi couvert indirectement Turin, étant sur le flanc de la route menant à cette ville, et leur réunion aux Autrichiens eût diminué les chances de victoire des Français. »

La concentration de toutes les forces, sous le commandement des généraux, Marchand et Dessaix, en arrière de la Grotte, dans la vallée du Guiers, répondait parfaitement aux exigences de la situation.

Le passage de la Grotte est d'une défense facile et les troupes dont disposaient les généraux français étaient suffisantes pour n'y avoir rien à redouter d'une attaque ennemie.

Occupant solidement ce défilé, s'appuyant aux massifs de la Chartreuse et de l'Epine, difficilement praticables à cette époque de l'année et dont il était facile de faire surveiller et tenir les différents passages, disposant pour le ravitaillement de leurs troupes des régions riches et fertiles de Voiron et Bourgoin, Marchand et Dessaix avaient toutes facultés d'attendre, dans cette excellente position, que leurs jeunes contingents de conscrits et de gardes nationaux se fussent ralliés, réorganisés, aguerris et remis de leurs premiers échecs.

La route de Lyon, ainsi que celle de Grenoble par Saint-Laurent-du-Pont, étaient directement barrées aux Autrichiens. Et la présence de nos troupes à si courte distance était pour nos adversaires une menace constante d'une irruption soudaine sur leurs derrières ou leur flanc droit, dans la vallée de Chambéry. Cette menace aurait eu certainement pour effet de les contraindre à s'arrêter ; elle suffisait à paralyser tout mouvement offensif dans la vallée du Graisivaudan.

On pourrait objecter qu'en agissant ainsi on renonçait à toutes communications avec l'armée d'Italie. L'argument paraît de peu de valeur. Il n'y avait rien à attendre d'elle. Les nombreuses demandes d'hommes et de munitions qui lui avaient été faites jusqu'alors par le commissaire de l'Empereur. demandes toujours éludées, avaient dû le renseigner suffisamment à ce sujet. D'ailleurs, les postes que les Autrichiens auraient pu ou osé consacrer à l'occupation de Montmélian, Chamousset, Aiguebelle même, auraient été trop faibles pour pouvoir former un obstacle sérieux à la marche de ces renforts et les empêcher de déboucher de la Maurienne.

Et enfin et par-dessus tout, il était une raison d'un intérêt supérieur qui devait primer toutes les autres. Sauver Grenoble de l'invasion étrangère, c'était bien. Mais sacrifier Lyon à Grenoble était une lourde faute. La perte de Grenoble n'aurait pas modifié beaucoup la marche des événements. Tandis que la prise de Lyon aurait eu, dans toute la France, un retentissement énorme et aurait très fortement compromis l'organisation de cette armée du Sud-Est, qui, bien conduite, pouvait si grandement influer sur les destinées de la France.

L'abandon du poste de la Grotte menaçait la formation de cette armée, pouvait perdre Lyon et ne sauvait pas Grenoble.

Mais il n'est pas de pire sourd que celui qui ne veut pas entendre, pas de pire aveugle que celui qui ne veut pas voir. Et sorti de Grenoble et du Dauphiné, M. de Saint-Vallier ne voulait rien entendre ni rien voir.

Le passage de la Grotte pourtant ne resta pas sans défense. Mais ce soin fut laissé à un vieillard de 72 ans, presque impotent, le général en retraite de Barral et, pour remplir cette tâche, il n'eut que les troupes qu'il put lever autour de lui et dont l'organisation presque entière resta à sa charge.

Avec ces faibles ressources, il sut pendant quelques jours arrêter la marche de l'envahisseur. Cet arrêt, bien que très court, n'en a pas moins été suffisant pour que Lyon peut-être lui ait dû son salut.

Le général de Barral nous apparaît comme une des plus belles figures de cette époque de cruels revers. L'ardeur et le dévouement avec lesquels il mit ses 72 ans et ce qui lui restait de forces et de savoir au service de sa patrie, la ténacité dont il fit preuve dans l'organisation si difficile de cette défense, la belle confiance, la foi dans le succès qu'il montra toujours et quand même, lui font un trop beau titre de gloire pour que l'on puisse nous reprocher de nous étendre un peu longuement sur cet épisode de la défense de la Grotte.

Défense du passage de la Grotte.

Au moment où les Autrichiens pénétraient sur notre sol, le général de Barral vivait en retraite à Voiron. Il avait fait sa première campagne avec Lafayette en Amérique. Revenu en France, au début de la Révolution, il fut d'abord envoyé à l'armée de Kellermann à Nice. Mais, désigné presque aussitôt pour faire partie de l'armée de Vendée, il s'y refusa et se réfugia en Italie.

Bonaparte, nommé premier consul, mit fin à son exil et lui rendit son grade de maréchal de camp. Puis, au moment de son sacre, il en fit un préfet et le général de Barral conserva cette situation jusqu'à ce que son âge et ses infirmités lui imposassent la retraite. Il s'établit alors à Voiron, où il jouissait d'un repos bien mérité, quand la nouvelle de l'invasion autrichienne vint l'y surprendre.

Aussitôt il écrivait à M. de Saint-Vallier : « Agé de plus de soixante-dix ans, je sens la faiblesse de mes moyens, mais aussi je sens que je suis né Français, et que mon attachement pour Sa Majesté et pour ma patrie raniment le peu de forces qui me restent. Si donc vous jugez, Monsieur le Comte, que dans les circonstances présentes, je puis être de quelque utilité en raison de mes connaissances dans l'art de la guerre et surtout du pays qui est menacé, je vous supplie de disposer de celui qui est avec respect, Monsieur le Comte, votre très humble et très obéissant serviteur. »

Le commissaire de l'Empereur trouva cette lettre à son arrivée à Grenoble. Les ressources dont il disposait alors ne lui permettaient pas d'utiliser toutes les bonnes volontés. Il n'avait qu'une armée (?) celle du général de La Roche. La lettre du général de Barral fut oubliée jusqu'au jour où le maréchal Augereau demanda à M. de Saint-Vallier de faire garder le passage de la Grotte.

M. de Saint-Vallier alors s'en souvint et, aussitôt, il écrivit au maire de Voiron pour lui demander de faire appel au dévouement du vieux général.

Le même jour, le maire lui transmettait sa réponse :

« J'ai reçu la dépêche que Votre Excellence a daigné m'adresser à la date de ce jour. Je l'ai de suite communiquée à M. le baron de Barral, qui, sans écouter son grand âge et un mal de jambes qui le retient au lit une partie de la journée, a accepté avec le zèle et le patriotisme qui le distinguent, la défense du Voironnais, que vous avez daigné lui confier. »

L'organisateur de la défense était trouvé. Mais quels étaient les moyens mis à sa disposition ?

Lui-même nous le dit dans une lettre qu'il écrivit à M. de Saint-Vallier le lendemain de sa nomination à ce poste difficile.

« ... Voici donc à quoi paraissent se réduire les moyens mis à ma disposition :

» 1° Deux cents hommes de troupes de ligne, commandés par M. Roberjot, ci 200 ;

» 2° Deux cents douaniers, dont dix à cheval, mais M. leur inspecteur ne croit pas en voir arriver à Voiron plus de 150, ci 150 ;

» 3° Hommes fournis par le maire de Voiron, 250 ;

» 4° Hommes fournis par le maire du Pont-de-Beauvoisin par aperçu, 150.

» D'autres troupes pourront être réunies aux Echelles, mais seulement dans quelques jours, savoir :

» 5° Les cent hommes de troupes de ligne présumés être à Bourgoin ;

» 6° Les trois cents hommes que M. le baron de Raveral compte m'amener de Crémieux. Reste donc un effectif présumé de 750... »

C'était donc avec un effectif maximum de 750 hommes, dont une bonne part ne constituait que des non-valeurs, qu'il lui fallait pourvoir à la défense d'un passage dont les avant-postes ennemis, dès le 23 janvier, n'étaient plus qu'à quelques kilomètres.

Et ce n'était que le 24 qu'il espérait avoir réuni assez de monde pour pouvoir commencer ses opérations.

C'était bien peu, 700 hommes, pour interdire à l'ennemi l'entrée dans le bassin du Guiers.

La position de la Grotte était très forte en elle-même. Mais elle pouvait être tournée, les cols qui permettent de franchir la chaîne de l'Epine, au nord de ce passage, étant, à cette époque déjà, praticables pendant tout l'hiver à l'infanterie et même à la cavalerie (1).

Connaissant parfaitement le pays, le général s'en était rendu compte. Voici la lettre qu'il écrivait à ce sujet à M. de Saint-Vallier :

« ... Actuellement, je vais vous entretenir de la ligne de défense du bassin des Echelles et du Pont-de-Beauvoisin, depuis le chemin de la Grotte jusqu'au Rhône, sur une longueur de 6 lieues, défense qui me paraît de la plus haute importance.

» Entre le bassin du Bourget, où est situé Chambéry, et celui du Guiers, où sont les Echelles et le Pont-de-Beauvoisin, se trouve la montagne de l'Epine, qui est traversée par trois cols, d'Aiguebelle, Novalaise et Mont du Chat, praticables pour les chevaux, sans parler de quelques sentiers pratiqués par les gens du pays.

» Lorsqu'on est parvenu par l'un ou l'autre de ces trois cols dans les premiers villages du bassin du Guiers, où ils arrivent directement, plusieurs chemins s'avancent, par différentes directions, vers les Echelles, le Pont-de-Beauvoisin et Saint-Genix, où le Guiers se jette dans le Rhône.

» Il convient donc d'arrêter l'ennemi non loin du sommet de la montagne de l'Epine, là où j'ai dit que divers chemins partant des cols s'étendent, par différentes ramifications, dans toute l'étendue du bassin du Guiers.

---

(1) Un peloton de hussards autrichiens devait, le 30 janvier, franchir le col de Novalaise (passage de l'Epine).

» J'estime que tant que l'ennemi sera en force dans le bassin du Bourget, il faudra 150 hommes de bonnes troupes pour la défense de chacun desdits trois cols.

» Il conviendra encore que tant aux Echelles qu'au Pont-de-Beauvoisin, il y ait 200 hommes afin de pouvoir porter secours à ceux des trois avant-postes qui se trouveraient attaqués vivement, et comme tant des Echelles que du Pont-de-Beauvoisin jusqu'aux dits postes avancés, il se trouve une distance de 2 à 3 lieues, il faudra employer 150 hommes en postes intermédiaires. J'en conclurai que pour pouvoir se soutenir dans le bassin du Guiers et empêcher l'ennemi de pénétrer dans les arrondissements de la Tour-du-Pin et de Grenoble, il faut 1.200 hommes, savoir :

» 1° Pour garder le passage de la Grotte, 200 ;

» 2° Pour la garde des trois dits cols, 450 ;

» 3° Pour les postes intermédiaires, 150 ;

» 4° Pour les corps de réserve à établir tant aux Echelles qu'au Pont-de-Beauvoisin, 400.

» Au total, 1.200 hommes.

» Et je vous prie d'observer, Monseigneur, que cette proposition n'est rien moins qu'exagérée, puisqu'il s'agit de garder une ligne de 6 lieues contre des forces infiniment supérieures, qui ne peuvent multiplier les points d'attaque en déguisant le véritable... »

Nous partageons pleinement l'opinion du général de Barral d'organiser la défense en arrière de la chaîne de l'Epine. Les communications latérales, sur la crête même, sont trop difficiles pour que les postes occupant chacun de ces trois cols puissent, en temps utile, se prêter un appui réciproque. Et, d'autre part, il serait téméraire d'espérer que les réserves établies dans la vallée de No-valaise aient le temps d'accourir pour occuper le pas-

sage menacé. Il nous paraît suffisant de faire tenir ces
passages par de simples postes de surveillance, lançant
en avant d'eux, sur le revers oriental de la chaîne, des
patrouilles de quelques hommes. Les pentes qui regar-
dent Chambéry sont profondément ravinées et suffisamment boisées pour qu'on puisse s'y défiler facilement.
Mais on peut aussi y trouver de nombreux postes d'observation, d'où il est facile de surveiller toute la plaine
de Chambéry, signaler de loin l'approche de l'ennemi,
reconnaître la force de ses colonnes et discerner le point
visé par l'attaque principale.

Des hommes entraînés, habitués à la marche en montagne, légèrement équipés, connaissant bien le pays, sachant profiter de tous les raccourcis des sentiers, peuvent prendre facilement plusieurs heures d'avance sur une
colonne. Avec un service de correspondance judicieuse-
ment organisé, les réserves peuvent donc être rapidement prévenues des mouvements de l'adversaire.

En cas d'attaque, les postes établis aux cols, après
avoir recueilli leurs éclaireurs, s'emploieraient de leur
mieux à retarder la marche de l'ennemi. La nature couverte et accidentée du terrain favoriserait singulièrement
leurs efforts. Les réserves auraient ainsi le temps de
venir occuper les positions d'arrêt reconnues à l'avance
et pourraient infliger à la colonne principale adverse,
à son débouché dans la plaine, un sanglant échec, avant
que les colonnes voisines puissent intervenir.

Le terrain se prête d'ailleurs merveilleusement à une
action de ce genre. Le revers occidental de la chaîne de
l'Epine, sur une longueur de près de 4 kilomètres, vient
tomber, par des pentes abruptes et des rochers à pic, sur
le lac d'Aiguebelette, qui sépare ainsi en deux champs
d'opérations nettement distincts la région de Novalaise, au
nord, de celle des Echelles, au sud. Toute communication
latérale est, pour ainsi dire, impossible entre deux colonnes

attaquant l'une par le col de Novalaise, l'autre par le col d'Aiguebelette ; elles sont complètement isolées dès qu'elles ont franchi la crête et ne peuvent plus se lier à nouveau qu'à l'ouest du lac, vers Saint-Alban-de-Montbel et Dullin.

Aussi nous n'adopterions pas une répartition des forces identique à celle proposée par le général de Barral. Car il faut tenir compte que la direction de la Grotte était de beaucoup la plus dangereuse. C'était celle qu'il convenait d'interdire à l'adversaire à tout prix. Toute colonne ennemie qui aurait pénétré dans le bassin de Novalaise, au nord du lac, ne pouvait s'y maintenir que si l'attaque, prononcée en même temps contre le passage de la Grotte, était couronnée de succès. Dans le cas contraire, elle se serait trouvée isolée, menacée par les troupes adverses rendues disponibles par leur victoire ; ne disposant, à travers la montagne, que d'une ligne de retraite difficile, elle eût été en très mauvaise posture ; il ne lui restait, pour éviter un désastre, qu'à se replier et regagner au plus vite la vallée de Chambéry.

Il convenait donc d'organiser tout d'abord, aussi fortement que possible, la défense du passage de la Grotte. Mais la nécessité d'établir, comme le voulait le général de Barral, une réserve à Pont-de-Beauvoisin, ne nous paraît pas évidente. Il eût été plus judicieux, croyons-nous, de masser toutes les forces disponibles en un point plus rapproché de la Grotte, vers Saint-Béron, par exemple, d'où elles pouvaient aussi se porter rapidement au-devant d'un ennemi qui aurait franchi l'Epine au col d'Aiguebelette ou au col de Novalaise. L'adversaire ne pouvait pas se porter sur Pont-de-Beauvoisin en négligeant ces forces placées à proximité de sa route. Des postes de faible effectif suffisaient aux cols mêmes, à condition de les relier intimement aux réserves établies à Saint-Béron, par des postes de correspondance, à cheval si possible, permettant la transmission rapide des renseignements.

En cas d'attaque générale, c'était, nous semble-t-il, le meilleur moyen de disposer d'assez de monde pour s'opposer victorieusement aux entreprises de l'adversaire contre le passage de la Grotte, et faire surveiller et interdire les passages latéraux d'Aiguebelette, du mont Beauvoir, etc., qui permettent de le tourner. Le poste du col de Novalaise, soutenu au besoin par un détachement de renfort, aurait battu en retraite lentement sur Saint-Alban, utilisant, pour retarder la marche de l'ennemi, toutes les coupures, tous les obstacles du terrain. Le franchissement de la chaîne de l'Epine, en hiver, est long et parfois difficile, les colonnes d'un certain effectif s'y meuvent lentement, leur allongement et leur durée d'écoulement y sont considérables : il n'était donc pas nécessaire que la résistance fournie par ces troupes fût bien opiniâtre pour empêcher l'adversaire d'arriver sur le terrain du combat de la Grotte assez tôt pour y jouer un rôle décisif.

Quant au passage du col du Chat, il était trop éloigné, trop excentrique pour qu'il y eût à s'en occuper sérieusement. Il faudrait à une troupe, cantonnée à Saint-Jean-de-Chevelu (débouché ouest du col), presque une journée de marche pour atteindre les Echelles. Quelques émissaires, maintenus au col, suffisaient pour surveiller ce passage, et d'ailleurs des mouvements de troupe de Chambéry ou Aix-les-Bains vers le Bourget pouvaient être éventés par les observateurs poussés sur les pentes est du col de Novalaise.

Le général de Barral demandait 1.200 hommes pour être à même de remplir la mission qu'on lui avait confiée. C'était évidemment un minimum, le strict nécessaire, si l'on songe qu'il devait faire surveiller et couvrir un front de près de 25 kilomètres. Mais il ne put jamais réunir un aussi gros effectif; même il ne disposa jamais des 750 hommes dont il faisait le décompte détaillé dans une de ses premières lettres à M. de Saint-Vallier ; c'est à grand'peine qu'il parvint à en rassembler un peu plus de 600.

L'insuffisance de ses forces ne lui permettant pas de faire surveiller toute la chaîne de l'Epine, ainsi qu'il le disait dans le projet soumis à M. de Saint-Vallier, il s'efforça de répartir les troupes sous son commandement de façon à pouvoir, au besoin, résister à un mouvement tournant tenté par l'ennemi sur l'un de ses flancs. Il fit défendre le passage de la Grotte par 200 hommes avec une réserve aux Echelles, occupa le col d'Aiguebelette, établit un petit poste à la Bridoire, détacha 80 hommes de ses troupes de ligne avec 150 gardes nationaux au Pont-de-Beauvoisin, relia ces différents détachements par quelques postes intermédiaires et fit surveiller par des reconnaissances la direction du col du Chat et la vallée du Flon (1), où l'ennemi s'était déjà montré.

En même temps qu'il organisait la défense de l'Epine, le général de Barral prévoyait le cas où le passage de la Grotte serait forcé, et il s'efforçait de préparer, en arrière de cette première ligne de défense, une position de repli et une deuxième ligne de résistance sur laquelle il pût encore retarder la marche de l'envahisseur.

Le 22 janvier, il écrivait à ce sujet à M. de Saint-Vallier :

« ... Supposons actuellement que les troupes qui ont paru devant Montmélian n'auront fait qu'une fausse démonstration, et qu'elles se trouveront en grande force devant la Grotte, en sorte que je ne pourrais pas protéger les mineurs (2). Dans ce cas, je proposerais, Monseigneur, de couper de suite la route des Echelles à Lyon au pas de

---

(1) Petit ruisseau qui descend du nord de Novalaise sur Yenne où il se jette dans le Rhône.
(2) Le général de Barral faisait couper et sauter le chemin de la Grotte établi en corniche.

Chailles ; de couper celle des Echelles à Voreppe et Grenoble, en dessous du col de la Placette, près de Pommiers ; de couper les chemins de Ratz, du grand et du petit Crossey, de l'Echaillon et de Pierre-Chave. Par ce moyen, en garnissant les hauteurs de quelques postes, on pourrait empêcher l'ennemi de s'avancer sur Lyon, Grenoble ou Voiron.

» Si je ne puis réussir au pas de la Grotte, je disposerais tout pour l'exécution de ce second projet que cependant je ne me permettrai pas d'effectuer avant d'en avoir reçu l'autorisation que j'attendrai aux Echelles où j'arriverai demain, 23, sur les 10 heures du matin... »

Les événements qui se précipitaient ne lui permirent pas de mettre à exécution les projets qu'il formait.

Dès le 23 janvier, les Autrichiens avaient occupé Saint-Thibaud-de-Couz.

Le même jour, le général de Barral, avec 200 hommes du 18ᵉ de ligne, sous les ordres du chef de bataillon Roberjot, et 150 douaniers, occupait le passage de la Grotte. Le comte Roberjot exécutait une reconnaissance sur Saint-Jean-de-Couz, puis·revenait le soir cantonner au village de la Grotte, laissant un détachement en petit poste en avant de lui dans une grange, sur le bord de la route.

Dans la nuit, ce petit poste fut assailli par l'ennemi ; mais, grâce aux secours venus du village, l'attaque fut rapidement repoussée.

Le 24, dès la première heure, les travaux de défense et de destruction de la route furent commencés. Un détachement ennemi de trois compagnies et un escadron de hussards, sous les ordres du lieutenant-colonel Waller, tenta de s'y opposer et de se rendre maître du passage. Il échoua complètement. Après une lutte d'une heure, il fut contraint à se replier. Il battit en retraite sur Saint-Thibaud-de-Couz,

mais le peu de solidité de nos troupes ne permit pas au
général de Barral de l'inquiéter dans sa retraite.

L'organisation de la défense fut alors poussée avec la
plus grande activité. Le chemin de la Grotte, établi en
corniche, fut coupé par une large brèche, le chemin du
Percé (1) fut barré par de larges murs en pierres sèches
établis de 60 en 60 mètres.

Mais d'autres sentiers de piétons ou chemins muletiers
existaient encore, impossibles à détruire, qui ouvraient
entre Saint-Thibaud-de-Couz et les Echelles des passages
fréquentés par les gens du pays et que tous connaissaient.

Et ce n'était pas seulement contre l'ennemi, contre les
difficultés du terrain, contre les rigueurs de la saison, que
le général avait à lutter. Il avait encore à compter avec la
malveillance des habitants.

« Il paraît démontré, écrivait au général le comte Roberjot, en lui rendant compte de l'attaque survenue dans la
nuit du 23 janvier, que l'ennemi fut guidé par un habitant
de Saint-Jean. »

« Il me reste à parler de mes deux pièces de canon, écrit
aussi le général à M. de Saint-Vallier, le 25 janvier. J'avais
jugé prudent de les laisser aux Echelles, et lorsque je les
ai fait mettre en batterie en avant de la ville, sur la chaus-
sée qui conduit des Echelles à la Grotte, on s'est aperçu que
dans l'une d'elles des malveillants avaient chassé avec force
des morceaux de bois, qu'on a eu beaucoup de peine à
extraire, mais enfin on en est venu à bout, et les deux
pièces sont en batterie, comme je l'ai dit, en avant des
Echelles. Elles m'ont paru ne pouvoir être placées d'une
manière plus avantageuse. Il est à croire que ce délit a été
commis avant que les pièces me fussent remises, car je les
avais fait garder avec soin... »

_____

(1) Le chemin du tunnel.

La défense, dans de telles conditions, devenait bien difficile. Elle était presque impossible. Le général sentit combien lourde était sa tâche et, tout en conservant la volonté de faire son devoir jusqu'au bout, il craignit que son âge et ses infirmités ne lui permissent plus d'être à hauteur d'une mission aussi pénible. Il écrivit à M. de Saint-Vallier pour lui demander d'être relevé de son commandement.

« M. le général Marchand, par sa lettre du 26 courant, me fait l'honneur de me mander qu'il est convaincu que mes troupes pourront se maintenir au-dessus du poste de la Grotte. Et, telle est aussi la mission dont Votre Excellence a daigné me charger. Or, je crois pouvoir affirmer que je m'y maintiendrais, et que, de plus, je pourrais empêcher l'ennemi de pénétrer par le col d'Aiguebelette. Mais défendre une ligne de 6 lieues contre des troupes infiniment supérieures, ce qui exige la plus grande activité, mon âge et ma santé ne me le permettent pas, puisque je pourrais à peine faire une demi-lieue à pied et que je ne saurais monter à cheval, seul moyen pour cheminer en pays de montagnes. Je vous conjure donc, Monseigneur, à présent que l'opération dont vous m'avez chargé est terminée, de me faire remplacer par une personne plus en état de supporter les fatigues de la guerre et les rigueurs de la saison. »

« Si cette faveur ne m'est pas accordée, écrit-il le 29 janvier au général Marchand, je vous prie, mon général, d'être fermement persuadé qu'autant qu'il sera en mon pouvoir, j'emploierai avec zèle le peu de moyens qui me restent pour exécuter les ordres qu'il vous plaira de me transmettre. »

M. de Saint-Vallier n'eut pas le temps de prendre une décision à ce sujet.

Du 24 au 29 janvier, après sa première attaque infructueuse, l'ennemi n'avait fait aucune tentative sérieuse contre nos positions. Quelques détachements s'avancèrent jusqu'à Yenne, Novalaise, Aiguebelette, réquisitionnant ou rançonnant les habitants, mais sans jamais aborder nos troupes.

Mais Zechmeister, ayant reçu quelques renforts, résolut de reprendre l'offensive et de s'ouvrir la route de Chambéry à Lyon.

Le 29 janvier, il faisait attaquer Aiguebelette. Le petit poste qui occupait ce village était rejeté sur Lépin. Le même jour, un détachement de quatre compagnies et un peloton de hussards, sous les ordres du major Mylius, occupait Bissy et se préparait à franchir la crête.

Le 30, les Français furent assaillis dans toutes leurs positions. Le plan d'attaque était le suivant : pendant qu'une compagnie attaquait le poste de Lépin et fixait son attention, le major Mylius devait franchir la crête au col de Novalaise, suivre la rive occidentale du lac d'Aiguebelette et, par Saint-Alban, venir prendre Lépin à revers. Puis, couvrant le Pont-de-Beauvoisin par un poste détaché à la Bridoire, il devait poursuivre par la Bauche et Saint-Pierre-de-Génebroz sur le Villard, pour coopérer à l'enlèvement de la Grotte et des Echelles.

La position de la Grotte devait être attaquée par un détachement de deux bataillons, un escadron de hussards, une demi-batterie. Deux compagnies, franchissant par ses pentes méridionales l'arête du mont Beauvoir, devaient flanquer le gros à droite, le relier au major Mylius et, descendant sur Saint-Christophe, prendre à revers les défenseurs de la Grotte. Une compagnie le couvrait sur sa gauche et devait, par Saint-Jean-de-Couz, se porter sur le pont de Saint-Martin pour marcher ensuite contre le village de Saint-Christophe.

L'attaque ainsi conçue prêtait à la critique par plus d'un point.

Le détachement du major Mylius avait à exécuter un mouvement tournant d'une bien grande envergure, étant donnée la faiblesse des effectifs mis en jeu. Il avait une marche très longue à faire, dans un pays accidenté et par de mauvais chemins. Il était à craindre qu'ainsi retardé il ne pût arriver à l'heure fixée pour l'attaque de la Grotte, et ne fût par suite d'aucune utilité pour cette opération. Nous verrons que c'est ce qui arriva.

Sa situation pouvait devenir dangereuse. Séparé du gros par le lac d'Aiguebelette, dont la rive sud était encore au pouvoir des Français, il lui était bien difficile de conserver sa liaison avec le général Zechmeister. Les deux compagnies détachées à cet effet dans la montagne ne purent en effet y parvenir. Ainsi livré à ses propres forces, il risquait de subir un échec dont les suites eussent été très graves, car une marche en retraite à travers la montagne eût été désastreuse. Malheureusement la faiblesse de nos effectifs et le peu de solidité de nos troupes ne permirent pas de profiter de ce que ces dispositions pouvaient avoir de défectueux.

L'attaque autrichienne réussit sur tous les points.

Le major Mylius franchit la crête sans difficulté, occupa Novalaise, se dirigea sur Saint-Alban par la rive occidentale du lac, attaqua et dispersa les troupes françaises postées près de Lépin et envoya vers la Bridoire un détachement qui poussa jusqu'au Pont-de-Beauvoisin. Laissant un petit poste pour garder la route du Pont à Chambéry, le reste du détachement se dirigea sur Saint-Pierre-de-Génebroz. Retardé par le mauvais état des chemins et par la neige, il ne put y arriver qu'à la nuit. Prévenu alors que le poste de la Grotte était déjà enlevé, il se porta droit sur les Echelles, d'où il chassa les derniers tirailleurs français.

Le poste de la Grotte avait été attaqué de front à 3 heures de l'après-midi. Il résista jusqu'au moment où quelques soldats autrichiens, conduits par les habitants du pays, ayant réussi à s'élever sur les crètes qui dominent la Grotte, prirent la position à revers par leurs feux. En même temps le pont de Saint-Martin était attaqué par la colonne de gauche. Les Français abandonnèrent la Grotte et se replièrent sur les Echelles. Il était déjà nuit et Zechmeister, inquiet de n'avoir pas encore reçu de nouvelles de la colonne Mylius, les poursuivit mollement. Des feux de mousqueterie vers Saint-Pierre-de-Génebroz et des renseignements qui lui parvinrent enfin le rassurèrent et lui apprirent la prise des Echelles par sa colonne de droite.

Le lendemain, 31 janvier, Zechmeister faisait occuper Corbel, Saint-Pierre-d'Entremont, Entremont-le-Vieux, et ses éclaireurs s'avançaient jusque vers la Tour-du-Pin.

Le 1er février, un détachement descendait sur Voiron et s'avançait jusque près de Voreppe, sur la route de Grenoble.

La vallée du Guiers tout entière était donc au pouvoir des Autrichiens, et la route de Lyon leur était ouverte.

Rejetés de la Grotte et des Echelles, les Français s'étaient repliés par Saint-Laurent-du-Pont sur Saint-Etienne-de-Crossey. La retraite s'était rapidement transformée en une honteuse débandade. Les hommes jetaient sacs et fusils, et c'est à peine si, le soir de la bataille, le général rassemblait encore une trentaine de soldats autour de lui.

Avec de telles troupes, pouvait-on encore quelque chose pour la défense de Grenoble?

« Le poste des Echelles, dit le général Marchand dans sa dépêche au duc de Feltre (Grenoble, 2 février), vient d'être enlevé par quelques centaines d'Autrichiens, quoique la route fût coupée au-dessus de la Grotte de manière à être entièrement impraticable. Nos soldats ont à peine tiré quelques coups de fusils, et une centaine ont jeté leurs armes et leurs sacs pour se sauver. Cependant je regardais le poste comme imprenable. Grenoble est beaucoup plus aisé à enlever en ce moment (2 février) que ne l'était le poste des Echelles, et il est impossible d'en répondre avec de pareils soldats. »

Voici aussi ce qu'écrivait le général de Barral à la suite des événements du 30 janvier :

« ... Vers les 5 heures du soir, l'ennemi est entré dans les Echelles par trois côtés, malgré la vive fusillade que nous soutenions sur ces trois points. Mais le nombre de nos troupes se trouvant infiniment réduit par le nombre des tués, des blessés et principalement des fuyards, ce qui restait dans la ville a été poursuivi à coups de fusil, jusqu'à 200 mètres en deçà du Guiers, et la nuit a mis fin au combat.

» Me trouvant, comme je l'ai dit, séparé des troupes de la Grotte et sachant qu'un grand nombre de soldats avaient fui, prenant le chemin de Miribel, j'ai couru après, espérant les rallier pour défendre le passage du Crossey : j'en ai effectivement rassemblé une trentaine, mais ils m'ont encore échappé à la faveur de la nuit.

» Les douaniers ont bien fait leur devoir, mais ils ont été mal secondés par les troupes de ligne trop jeunes (quoiqu'elles eussent d'excellents officiers), et encore plus mal par les gardes nationales... »

La situation paraissait donc désespérée. Pourtant le général ne perdit pas encore courage. Il avait juré de faire tout son devoir, il s'employa de son mieux à réparer le désastre.

La route de Lyon était irrémédiablement perdue. Zechmeister pouvait librement se lier à Bubna, dont les troupes campaient autour de Meximieux. Restait la route de Grenoble : le général de Barral essaya encore de la barrer à l'ennemi.

De Saint-Laurent-du-Pont, deux routes principales permettent de descendre dans la vallée de l'Isère, celle du passage du Crossey, qui conduit à Voiron, celle du col de la Placette, qui débouche à Voreppe.

Le général de Barral comprit qu'il ne pouvait, avec les faibles ressources qui lui restaient, défendre ces deux passages ; il quitta Saint-Etienne-de-Crossey et transporta son quartier général à Voreppe, laissant aux gardes nationaux de Rives et de Voiron le soin de se défendre eux-mêmes au passage du Crossey.

« ... Je m'attendais, ainsi que j'ai eu l'honneur de vous le mander, de protéger, avec la petite troupe que j'avais rassemblée, le détachement que je présumais devoir être laissé par M. Roberjot, pour garder le passage du Crossey ; mais lorsque ce commandant s'est trouvé à la hauteur du défilé de Crossey, il n'avait pas encore été joint par le détachement qui venait d'Aiguebelette et, ne se trouvant pas assez fort pour garder et le Crossey et la Placette, il n'a pas voulu se désunir et s'est porté sur ce dernier point, étant précédé par son artillerie ; il a laissé 150 hommes à la Placette et est descendu à Voreppe, où je suis arrivé en même temps que lui.

» Espérant, Monseigneur, que vous m'enverrez du renfort pour soutenir deux cents hommes que je laisserai à Voreppe, et les cent que je laisserai au col de la Placette, je marcherai avec le reste de ma troupe pour aller occuper les défilés du Crossey, où des Voironnais et des gens de Rives m'ont promis de venir me joindre pour défendre leur canton... (1) »

Les Autrichiens, heureusement, ne surent pas profiter de leur victoire. Le général Bubna, toujours plus indécis et que le succès même paraissait effrayer, venait d'adresser

_____

(1) Lettre du général de Barral à M. de Saint-Vallier, 1er février.

à Zechmeister l'ordre d'arrêter tout mouvement en avant.
Cet ordre sauva Grenoble. Car toutes les routes étaient
ouvertes à l'ennemi : les quelques hommes laissés au col
de la Placette, complètement démoralisés par leur dernière
défaite, n'étaient pas capables d'une résistance sérieuse, et
le passage du Crossey, que devaient défendre 300 gardes
nationaux de Rives et de Voiron, n'était pas occupé par un
seul homme.

« Voiron et Rives m'avaient promis de se trouver, avant-
hier matin, chacun avec cent cinquante hommes armés à
Saint-Etienne-de-Crossey, où je me proposais de leur donner les instructions dont je viens de parler. Rives a fait
plus, il a demandé des cartouches au général Marchand,
qui a bien voulu les lui accorder, et il ne s'est pas présenté
un seul homme (1) ! »

Le général de Barral mit à profit ces quelques jours de
répit, adressant des demandes de secours à M. de Saint-
Vallier et au général Marchand, envisageant les différentes
éventualités d'une attaque autrichienne, s'efforçant de tout
prévoir pour y résister et, malgré les nombreuses déceptions déjà subies, comptant toujours sur le concours des
gardes nationaux qu'il espérait encore pouvoir réunir en
grand nombre.

Et le 3 janvier il adressait à M. de Saint-Vallier un long
rapport, où il traçait le plan de résistance, et presque d'attaque, que lui suggérait la situation.

« A moins que l'ennemi n'ait reçu des renforts extraordinaires, écrit-il, il ne peut attaquer par plusieurs points
à la fois. Je vais à présent supposer qu'il se disposera à
attaquer par Voreppe ; comment croira-t-on qu'ayant à
garder les chemins de Barraux et de Montmélian à Cham-

---

(1) Rapport du général de Barral à M. de Saint-Vallier, 3 février.

béry, ayant à rétablir une communication sûre, de Chambéry à Saint-Laurent-du-Pont, il osât marcher sur Voreppe, par le Crossey et Voiron, si nous menacions son flanc gauche par le col du Sappey et de la Chartreuse ; si les gardes nationales se montraient en forces sur les crêtes de la chaîne de montagnes, qui s'étend du Guiers à Voreppe, comment pourrait-on, dis-je, craindre que l'ennemi osât traverser ladite chaîne de montagnes avec son artillerie ? C'est ce que je ne puis croire. Les moyens de s'opposer à une pareille expédition seraient, à mon avis, que nous occupions le col du Sappey, ayant une avant-garde au pont de l'Hospice, avec ordre de le faire sauter s'il était attaqué par des forces très supérieures.

» Il reste à aviser aux moyens de garnir de gardes nationales les sommets de la montagne, que j'ai dit s'étendre du Guiers à Voreppe. Il ne s'agirait pas ici d'établir sur différents points des redoutes, des barricades, dans l'objet de défendre avec opiniâtreté les nombreux chemins ou défilés, mais seulement de montrer à l'ennemi qu'on a beaucoup de monde sous les armes. Les chefs de tous ces détachements auraient pour instruction de se replier sur les hauteurs qui dominent et Voiron et Rives, dans le cas où ils seraient attaqués : ainsi, la seule difficulté me paraît consister à obliger les communes, non pas à combattre, mais à se montrer avec des armes quelconques (1)... »

M. de Saint-Vallier transmit ce rapport au général Marchand, « pour voir, disait-il, si les moyens proposés sont praticables; s'ils le sont, pour les moyens d'exécution ».

Les mesures proposées par le général de Barral paraissent peu pratiques. Encore une fois, la mauvaise volonté des habitants eût fait échouer cette tentative de défense qui demandait tout à leur coopération active.

---

(1) Rapport du général de Barral à M. de Saint-Vallier, 3 février.

Mais ces propositions nous peignent bien l'inaltérable confiance et l'ardeur juvénile de cet octogénaire et nous disent avec quel élan son cœur angoissé et assoiffé de succès se raccrochait aux plus pauvres espérances.

Ce plan ne reçut même pas un commencement d'exécution. Le général Marchand, à qui il avait été soumis, n'eut pas les loisirs de l'étudier. D'autres événements survinrent qui exigèrent toutes nos énergies et tous nos soins.

Le général de Barral resta à Voreppe jusqu'au 8 février. Et, au moment où les reconnaissances et les pointes des éclaireurs ennemis pouvaient faire craindre une nouvelle et prochaine attaque, il fut relevé de son commandement et rappelé par M. de Saint-Vallier auprès de lui.

De Grenoble, puis de Voiron, il assista, témoin inactif, aux dernières péripéties de cette lutte. Sa vie militaire était définitivement terminée.

Mais il avait su jusqu'à la fin, malgré les déceptions, malgré les revers, malgré les hontes même, conserver sa confiance inébranlable et l'espérance dans le succès final. Il avait, jusqu'au bout, lutté pour l'honneur de sa patrie, et, jusqu'au bout comme il l'avait promis, « il avait employé avec zèle les moyens qui lui restaient pour exécuter les ordres qui lui étaient transmis ».

Combien d'autres, en cette période de troubles et de désespérances, n'ont pu se réclamer d'aussi beaux titres à la mémoire et au respect de leurs concitoyens !

Opérations devant Fort-Barraux et Montmélian du 21 janvier au 13 février.

L'histoire de cette défense de la Grotte nous a interrompu dans le récit que nous avions commencé des opérations de Zechmeister en Savoie.

A la date du 21 janvier, où nous en sommes resté, le général La Roche venait d'être mis à la retraite et remplacé dans son commandement par le général Marchand.

La petite armée française avait alors à sa tète les généraux Marchand et Dessaix. Tous deux jouissaient près des populations savoisiennes et dauphinoises d'un singulier prestige.

Marchand était Grenoblois. Il était attaché au Parlement de Grenoble quand la Révolution éclata. Elu en 1891, par ses concitoyens, capitaine au 4e bataillon de volontaires de l'Isère, il abandonna le barreau. Il fit toutes les campagnes de l'Empire, se distingua en Italie, en Espagne, en Prusse, en Russie. Il s'illustra sous Masséna en Portugal, à la tête d'une division, et fit, comme chef d'état-major d'un corps d'armée, la campagne de Russie. Brave jusqu'à la témérité, il fut héroïque à Loano, à Rivoli, à Friedland, entraînant ses troupes par l'exemple de son calme intrépide. Sa fortune avait été rapide. Il avait quitté Grenoble en 1891 capitaine de volontaires. Il y revenait en 1813 général de division, grand aigle de la Légion d'honneur et comte de l'Empire, doté de 80.000 livres de rentes.

La défense de Grenoble ne pouvait être confiée à de meilleures mains.

Dessaix était Savoyard. Docteur en médecine et d'un esprit cultivé, la Révolution avait trouvé en lui un partisan zélé des principes nouveaux. Un des premiers, il se souleva contre le régime « du bon plaisir » des rois de Sardaigne. Obligé de se réfugier en France, il s'engagea dans la légion allobroge. D'abord soldat de la République, il s'attacha ensuite à la fortune de l'Empereur, et suivit les aigles impériales sur tous les champs de bataille de l'Europe. D'une bravoure indomptable qui recherchait et adorait la lutte, mais se laissant quelquefois entraîner par son ardeur et ne possédant pas toujours le calme et la réflexion qui font les grands capitaines, c'était l'homme qu'il fallait à Marchand pour frapper les coups qu'il aurait préparés.

La seule nouvelle de leur nomination releva les courages ébranlés et ramena l'espérance. Il semblait qu'avec eux la victoire dût aussitôt nous revenir fidèle. « Depuis que ces deux généraux commandent nos troupes, disait M. de Saint-Vallier dans un rapport au ministre, le 24 janvier, nos jeunes conscrits reprennent de la confiance ; ils auront bientôt de l'audace et, après avoir fui constamment devant l'ennemi, ils finiront, j'en suis certain, par l'attaquer. Je ne puis trop me louer des généraux Marchand et Dessaix, qui, avec cette saison rigoureuse, sont toujours aux avant-postes. »

La situation, pourtant, n'était pas rassurante.

Rejeté sur la rive gauche de l'Isère sans avoir eu le temps de détruire le pont de Montmélian, le général Dessaix s'était replié sur Pontcharra, pendant que le reste de nos troupes reculait sous la protection des canons de Fort-Barraux.

Aussi, avant de songer à attaquer l'ennemi, le général Marchand, qui craignait que nos troupes, malgré l'appui de cet ouvrage, ne fussent assez fortes pour l'arrêter, crut prudent de préparer la défense de Grenoble aux portes mêmes de la ville.

« Le général Daumas a envoyé sur-le-champ 400 hommes à Domène, lui écrit à ce sujet le sénateur Saint-Vallier. On va expédier deux pièces de canon sur Gières. Je crois que les 400 hommes n'ont que 10 cartouches chacun. Dans la journée, on fera 10.000 cartouches. On hâte l'évacuation.

» On fait revenir de Voreppe les 250 hommes qui y étaient. On fait revenir aussi les 200 hommes qui marchaient aux Echelles pour tâcher de couper la route de la Grotte et, au moins, pour couvrir les routes qui, des Echelles, conduisent à Voiron et à Voreppe...

» J'écris au préfet des Hautes-Alpes de faire rebrousser chemin à la garde nationale qu'il nous envoyait à Grenoble, et de compléter la garnison de ses places fortes. Je lui envoie 10.000 francs par le courrier de ce matin...

» Si la nécessité nous y force, M. le baron Fourier évacuera, je crois, sur la partie de son département, entre le Rhône et l'Isère. J'irai me joindre au maréchal Augereau. M. Didier, sous-préfet de Grenoble, va à la Mure. M. Renaud va sur la route des Hautes-Alpes. M. Giroud suivra le mouvement du préfet... »

En même temps l'évacuation des approvisionnements de Grenoble était commencée. Mais une lettre du général Marchand venait bientôt rassurer M. de Saint-Vallier.

« ... J'arrive dans ce moment de Pontcharra, où j'ai laissé les choses en bonne position, et je commence à n'avoir presque aucune inquiétude de ce côté ; je n'en ai aucune du côté de Barraux.

» Je suis parti à 11 heures. Une de mes reconnaissances revenait de Montmélian, où il n'y avait aucun ennemi. Ils auront peut-être pris la route des Echelles. Je ne les crois pas dangereux pour nous de ce côté.

» J'aurai l'honneur de vous voir ce soir. J'ai besoin de me reposer un moment et *surtout de manger*. »

Il importait tout d'abord de rejeter les Autrichiens sur la rive droite de l'Isère pour rétablir nos communications avec le Mont-Cenis par la Maurienne et conserver la liberté de nos mouvements sur la rive gauche de la rivière.

Le général Dessaix se prépara donc immédiatement à reprendre aux Autrichiens la position de la Chavanne. On lui envoya de Grenoble quatre pièces, mais pas de canonniers. Il les recruta parmi ses douaniers, gendarmes et anciens soldats. Et le 24 janvier, renforcé par un bataillon du 23ᵉ de ligne, il se porta à l'attaque des positions ennemies.

Le bataillon du 23ᵉ, sous les ordres du commandant Escard, s'en empara vivement. Les Autrichiens, repoussés sur la rive droite, se jetèrent dans Montmélian en détruisant une arche en bois du pont qu'ils barricadèrent solidement. Ils établirent en même temps une batterie de trois pièces sur le monticule où s'élevait l'ancien fort.

Dessaix prenait position à la Chavanne. Une batterie, qui enfilait le pont sur toute sa longueur, fut placée face à Montmélian; une autre, mobile, l'appuyait et pouvait être opposée à l'ennemi, partout où il tenterait le passage de la rivière.

Grâce aux soins du baron Finot, préfet du Mont-Blanc, qui s'était réfugié à Saint-Jean-de-Maurienne, et du secrétaire général Palluel, retiré en Tarentaise, il put, dans cette position, ravitailler ses troupes facilement et les pourvoir du nécessaire.

Renforcé par quelques centaines de conscrits piémontais, qu'il fit rapidement armer et exercer, il allait pouvoir bientôt pousser chaque jour des reconnaissances sur toute la rive gauche de l'Isère, et interdire complètement à l'ennemi l'accès de la Maurienne.

Le gros des Autrichiens, à la suite de ce dernier combat, était revenu prendre position à Chambéry et, de part et d'autre de la rivière, on s'observa sans bouger.

Le général Marchand profita de cette inaction pour réorganiser ses troupes, les installer et surtout relever leur courage. Il passa une inspection détaillée de tous les effectifs, compléta leurs cadres et enleva de la ligne de bataille, pour en faire la garnison de Fort-Barraux, les unités les plus affaiblies ou les plus désorganisées, et les remplaça par des troupes tirées de la garnison du fort. Puis il s'occupa de préparer à ses troupes un succès, si léger fût-il, qui pût ranimer leur ardeur.

Bubna cependant s'était décidé à une très grave résolution. N'ayant pu réussir à s'emparer de Lyon et trouvant

dangereuse et inutile sa position à Pont-d'Ain, il détacha
pour surveiller Lyon, maintenir l'influence autrichienne
dans les départements de l'Ain et du Jura et se relier à
l'aile gauche de Schwarzenberg, le colonel Zichy à Meximieux, le colonel Wieland à Bourg, il laissa la brigade
Klopfstein à Pont-d'Ain et détacha à Dôle, pour y renforcer la cavalerie du général Scheiter, formant l'extrême
gauche de Schwarzenberg, le colonel Menninger avec un
escadron de hussards.

Puis il reporta son quartier général à Genève.

Cette dispersion des forces ne pouvait rendre disponibles que des effectifs dérisoires. Elle ne permettait pas au
général autrichien de renforcer sérieusement son lieutenant à Chambéry. Le 24, il lui envoyait trois compagnies
qui étaient aussitôt détachées à Faverges, pour y couvrir
la gauche autrichienne ; puis, le 27, il lui envoyait encore
un bataillon et un escadron, qui occupèrent Rumilly. C'était
tout ce dont il pouvait disposer.

Ces faibles renforts parurent à Zechmeister insuffisants
pour lui permettre de tenter avec toute certitude de succès
l'attaque de Fort-Barraux.

Le général Dessaix, cependant, continuait son installation à la Chavanne. Il renforçait les postes qu'il avait détachés jusqu'à Conflans et faisait reconnaître et sonder les
gués de la rivière à hauteur de Sainte-Hélène-des-Millières.

Le 26 janvier, le général Marchand, ne pouvant obtenir
des renseignements sur ce qui se passait à Chambéry, et
ignorant la force exacte des troupes qu'il avait devant lui,
fit une tentative contre Montmélian. Pendant que le général
Dessaix attaquait le pont, il se portait lui-même de Chapareillan sur les Marches, pour prendre Montmélian à revers.
Mais, après avoir culbuté les avant-postes autrichiens, il
vint se heurter à une colonne de six compagnies, un escadron et deux canons, avec laquelle le général Zechmeister

effectuait, ce même jour, une reconnaissance sur Fort-Barraux.

Chassé des Marches après une vigoureuse résistance, le général Marchand se repliait en bon ordre sur Chapareillan et Fort-Barraux.

Le général Dessaix n'avait pas été plus heureux contre Montmélian, que les Autrichiens occupaient avec 400 hommes. Après une canonnade assez vive, voyant qu'il ne pouvait réussir à franchir le pont, il rompit le combat.

Nos pertes, dans ces deux escarmouches, avaient été légères. Le général Dessaix, de son côté, signale seulement 3 tués et 6 blessés.

Celles des Autrichiens étaient plus fortes.

Mais un renfort nouveau de trois escadrons leur permit néanmoins de pousser des reconnaissances jusque dans la Tarentaise et d'occuper Moutiers.

Le général Marchand, malgré son échec, avait atteint le résultat qu'il cherchait. Il savait que les Autrichiens occupaient en forces tout le pays entre Chambéry et Montmélian.

« ... Je me suis procuré des renseignements qui me paraissent assez positifs sur les troupes ennemies. Elles sont au nombre de trois mille hommes d'infanterie et quatre ou cinq cents chevaux. Leur artillerie se compose de dix pièces, dont deux à Montmélian et huit qui sont placées en batterie au-dessus de Chambéry sur la route d'Aix. J'ai des coureurs en route, desquels j'attends encore des éclaircissements plus détaillés (1)... »

De plus, s'il avait été obligé finalement de se replier devant le général Zechmeister, ses premiers avantages contre les avant-postes autrichiens et le bon ordre avec

(1) Lettre du général Marchand à M. de Saint-Vallier, 26 janvier.

lequel il avait exécuté sa retraite, avaient suffi à ramener la confiance dans l'esprit de ses soldats.

Ce n'était pas d'ailleurs du moral de ses hommes seulement dont Marchand avait à s'occuper. M. de Saint-Vallier lui-même commençait à se décourager. La nouvelle lui était parvenue de la défection de Murat. Il ne fallait plus dès lors compter sur des secours d'Italie. A cette même date (27 janvier), le maréchal Augereau lui écrivait qu'il ne pouvait lui fournir ni armes, ni munitions ; en même temps, il lui demandait de lui envoyer six pièces de canon.

Aussi le général Marchand, dans les deux lettres qu'il lui écrivit à la suite des combats du 26, lui cacha son échec sur les Marches, lui rendant compte seulement de la tentative du général Dessaix contre le pont de Montmélian, lui voilant son insuccès sous les dehors d'une simple reconnaissance, et s'employant à lui présenter sous un jour des plus favorables sa situation à Fort-Barraux.

« ... Je crois avoir organisé ici, aussi bien que cela était possible, les moyens de défense de la tête de notre vallée. Il me semble même qu'il ne doit nous rester aucune crainte sur les entreprises que pourraient tenter l'ennemi (aussi je vais partir aujourd'hui pour Grenoble).

» Je laisse le général Dessaix établi à Pontcharra, commandant sur les deux rives. Je retiens ici à Barraux M. le major Bois, qui est un des militaires les plus distingués, et sur lequel je compte comme sur moi ; de l'autre côté, le général Dessaix a, pour commander ses avant-postes, un chef de bataillon des plus forts. D'après cela, je crois que ma présence devient inutile ici pour le moment. Nous sommes trop décidés à nous défendre, et nous sommes assez en mesure pour que la confiance et l'ardeur soient entièrement revenues dans l'esprit des soldats. Avec cela j'ose croire que nous n'avons rien à craindre (1). »

_____

(1) Lettre du général Marchand à M. de Saint-Vallier, 28 janvier.

Pendant quelques jours, d'ailleurs, les troupes françaises de Montmélian pouvaient se reposer tranquilles. Le général Zechmeister s'était rendu compte qu'il éprouverait une résistance sérieuse du côté de Barraux. Il allait porter tous ses efforts contre le passage des Echelles.

Nous avons dit comment ce passage, le 30 janvier, tomba en son pouvoir.

Menacé sur ses derrières, le général Marchand allait être obligé à une retraite d'un effet moral désastreux, quand l'ordre de Bubna, arrêtant la marche de Zechmeister, vint le tirer de cette position difficile.

Il se rendit aussitôt à Voreppe, jugea par lui-même de l'état de dénuement dans lequel se trouvaient les troupes du général de Barral, et combien leur démoralisation était profonde. Il hâta l'arrivée des secours, envoya immédiatement à Voreppe 180 hommes disponibles, demanda 150 hommes à Dessaix, 300 à 400 hommes au major Bois qui commandait à Barraux, pressa l'organisation de la résistance, releva les courages, et, sa tâche remplie, tranquillisé par les hésitations et les lenteurs de l'ennemi, il revint à Grenoble.

M. de Saint-Vallier, inquiet des progrès de l'adversaire, avait fait commencer l'évacuation de la ville. Jugeant plus sainement la situation, le général Marchand fit surseoir à cette opération. Il laissa seulement évacuer sur Valence les bateaux chargés d'une artillerie dont il n'avait que faire, ne trouvant pas les canonniers pour la servir.

Puis il comprit que l'on pouvait tirer parti des garnisons des Hautes-Alpes, Briançon, Mont-Dauphin, Embrun, qui n'étaient pas directement menacées. On pouvait donc disposer d'une partie au moins des forces qui y étaient immobilisées.

Renforcées ainsi de quelque cinq cents hommes, les troupes du général Marchand atteignirent alors un total de plus de 4.000 hommes, et leur organisation était suffisante pour que l'on pût sans crainte attendre l'attaque ennemie.

Elle se produisit le 6 février.

Le général Zechmeister avait résolu de tenter ce jour-là une nouvelle reconnaissance sur Fort-Barraux. A droite, un bataillon et quatre compagnies devaient, de Saint-Baldoph, se porter par La Palud sur Belle-Combe, au sud de Chaparcillan.

Au centre, une colonne de un bataillon, deux compagnies, une batterie et deux escadrons, avec le général Zechmeister en personne, suivait la grande route de Grenoble, et, par les Marches, s'avançait contre Chaparcillan et Barraux.

Deux compagnies flanquaient la gauche de ce mouvement, en suivant la rive droite de l'Isère.

Les avant-postes français occupaient Chaparcillan. Le général autrichien parvint à les chasser du village et à les rejeter sur le Cernon et le bois de la Servette. Après une résistance d'une demi-heure, ces postes se retiraient en bon ordre sur les soutiens établis en arrière, au sud de la forêt de Servette, sur les terres du Cotanier, et l'ennemi ne pouvait déboucher du bois.

Pendant ce temps, la colonne ennemie de droite se heurtait, au pont de Bellecombe, à une compagnie du 11e régiment. Malgré les nombreuses attaques d'un ennemi très supérieur en nombre, la défense, énergiquement conduite et encouragée par le zèle et le dévouement des habitants de Barraux, qui vinrent jusque sur la ligne du feu apporter des munitions aux troupes engagées (1), parvint à inter-

---

(1) Les hommes (requis pour porter les munitions) furent suivis par nombre d'enfants qui, méprisant le danger, se chargeaient eux-mêmes des paquets de cartouches et furent les déposer dans les gibernes et dans les poches des militaires. (Lettre de M. Bravet, maire de Barraux, au comte de Saint-Vallier, 7 février.)

dire aux Autrichiens le passage du ravin profondément encaissé du Cernon.

Le général Zechmeister dut se résigner à la retraite.

Les Français prirent alors l'offensive. Pour protéger la retraite de ses troupes, Zechmeister se vit contraint à soutenir deux combats d'arrière-garde entre Belle-Combe et Belle-Combette d'abord, puis à La Palud.

Les Autrichiens rentrèrent dans leurs anciennes positions et les Français rétablirent leurs postes d'observation à Chaparcillan.

La nouvelle de ce combat produisit dans Grenoble un moment d'effarement. On savait la ville presque complètement découverte du côté de Voreppe et on craignit une nouvelle attaque par le massif de la Chartreuse.

Mais ces premiers succès avaient raffermi le moral de nos conscrits, et le général Marchand, maintenant plein de confiance en eux, s'employa de toutes ses forces à rassurer M. de Saint-Vallier et ses compatriotes.

Il prévoyait même, dès ce moment, une reprise de l'offensive. Le lendemain de l'attaque de Chaparcillan, il écrivait à M. de Saint-Vallier :

« Je crois que l'ennemi ne fait que des reconnaissances à La Tour-du-Pin. Il ne peut pas être en force de ce côté, d'autant mieux qu'il s'est présenté hier au nombre de quinze cents hommes devant Chaparcillan et qu'il s'est emparé de ce village où nous n'avions qu'un avant-poste. Si nos troupes de Voreppe étaient un peu plus solides, je leur donnerais l'ordre de marcher sur les Echelles pour s'en emparer et couper ainsi tout ce qui est au Pont-de-Beauvoisin, mais on ne peut guère se fier à elles, et il ne convient pas de les éloigner trop de Grenoble. »

En attendant le moment où toutes ses troupes se seraient suffisamment aguerries pour pouvoir attaquer à leur tour, il prépara l'offensive en s'efforçant d'organiser un service

de renseignements qui lui faisait totalement défaut. Il
s'adressa aux maires des communes et fit appel à la bonne
volonté et au patriotisme des habitants. On lui répondit
avec empressement. Les auxiliaires lui accoururent nombreux, et bientôt tout le massif de la Chartreuse fut sil-
lonné d'éclaireurs, frappant à toutes les portes, recueillant
des renseignements à toutes les sources. Le mauvais
temps, la neige ne les arrêtaient pas.

Le maire de Saint-Egrève écrivait à ce sujet à M. de
Saint-Vallier une lettre intéressante à ce point de vue
qu'elle nous montre que les paysans de nos montagnes em-
ployaient déjà, en ce temps-là, les raquettes que nous
n'avons songé à utiliser dans les troupes alpines que depuis
quelques années seulement.

« Monsieur le préfet,

» J'avais quelque inquiétude que les ennemis ne péné-
trassent par les Charmettes, montagne de la Chartreuse,
au nord-ouest d'Entremont, dans la gorge de Proveysieux,
joignant au nord le territoire de Saint-Egrève ; j'ai, en
conséquence, de concert avec le maire de Proveysieux,
envoyé des éclaireurs, à *l'aide de nattes en paniers qu'on
emploie dans ces montagnes, en les adaptant à chaque
pied, pour être porté sur la neige.*

» J'aurai l'honneur de vous faire part du résultat... »

Marchand parvint bientôt à réunir assez de bonnes volontés pour ne plus rien ignorer de ce qui se passait dans
le camp ennemi.

Il se renforçait en même temps d'un bataillon de 630 hommes et, le 8 février, il avait fait passer 300 hommes à Pontcharra pour soutenir Dessaix qui se renforçait également
d'un bataillon de 500 hommes de la garnison du mont
Cenis, que le prince Camille Borghèse avait mis à sa disposition.

La résistance, en même temps s'organisait, dans le nord du département de l'Isère.

A La Tour-du-Pin, le baron Raverat avait été nommé au commandement de la garde nationale, les communes environnantes lui envoyaient leurs contingents et il parvenait à rassembler 400 hommes autour de lui. L'enthousiasme et l'ardeur de leur chef, peu à peu, gagnaient les hommes. Et quand, le 13 février, accourus au secours de 20 gendarmes qui leur étaient adjoints, ils eurent repoussé une reconnaissance de 60 cavaliers ennemis, cet enthousiasme ne connut plus de bornes.

La confiance, d'ailleurs, renaissait générale. De bonnes nouvelles nous venaient de la Champagne, et Marchand n'attendait plus pour prendre l'offensive qu'un ordre du maréchal Augereau.

Cet ordre, malheureusement, n'arrivait pas. Que faisait donc pendant ce temps le duc de Castiglione ?

Premières opérations de l'armée de Lyon, du 17 au 20 février.

Le 16 février, le maréchal Augereau écrivait à M. de Saint-Vallier :

« J'espère sous peu ordonner un mouvement qui nous dégagera une fois pour toutes. J'enverrai, quand il sera temps, des ordres aux généraux Marchand et Dessaix sur la portion d'opérations qui leur seront dévolues dans mon plan. »

« Quand il sera temps », dit-il. Qu'attendait-il encore ?
Cette inaction du maréchal est absolument inexplicable. A cette date du 16 février, il aurait pu et dû déjà prendre l'offensive.

Le 10, il avait reçu à Lyon une première colonne des

troupes d'Espagne, forte de 1.300 hommes. Une deuxième colonne de 2.500 hommes y arrivait le 11, une troisième le 14. Le premier convoi d'une compagnie d'artillerie devait arriver le 16, le reste le 21 et le 22.

Par suite de la dissémination des troupes autrichiennes, ces effectifs étaient plus que suffisants pour lui permettre de prendre une vigoureuse offensive, dont on était en droit d'attendre les plus brillants résultats.

Zechmeister était fortement impressionné par l'échec qu'il avait subi devant Barraux. Et si, dès le 10 ou même le 12, des troupes françaises se fussent avancées de Lyon par La Tour-du-Pin et Saint-Genix sur le col du mont du Chat, si ce mouvement eût été combiné avec une reprise de l'offensive des troupes de la Savoie et du Dauphiné, le commandant des troupes autrichiennes, voyant ses communications menacées, se fût sans doute replié rapidement sur Annecy et Genève.

Vivement pressée par le général Marchand, cette retraite eût pu avoir pour les Autrichiens les plus fâcheuses conséquences.

Mais le maréchal Augereau n'était plus que l'ombre du brillant soldat d'Arcole, de Castiglione et de Lodi. Raisonneur et indécis, il n'avait même plus le courage moral d'exécuter les ordres de l'Empereur, assez précis pourtant pour couvrir sa responsabilité. Pour mener à bien une campagne dont il eût pu tirer tant de gloire et faire sortir peut-être le salut de la France, il ne trouva plus rien de cette brillante ardeur, de cette confiance inébranlable dans le succès final, qui lui avait valu sa fortune.

Les ordres les plus formels ne surent le tirer de sa torpeur ni de son indécision.

Les reproches mêmes ne lui furent point ménagés. De Nogent, le 21 février, l'Empereur lui adressait une lettre d'une éloquence farouche, trop significative pour que nous hésitions à la reproduire.

« ... Le Ministre de la guerre m'a mis sous les yeux la lettre que vous lui avez écrite le 16. Cette lettre m'a vivement peiné. Quoi ! six heures après avoir reçu les premières troupes venant d'Espagne, vous n'étiez pas déjà en campagne ! Six heures de repos leur suffisaient. J'ai remporté le combat de Nangis avec la brigade de dragons venant d'Espagne, qui de Bayonne n'avait pas encore débridé. Les six bataillons de Nîmes manquent, dites-vous, d'habillement et d'équipement et sont sans instruction. Quelle pauvre raison me donnez-vous là, mon pauvre Augereau ! J'ai détruit 80.000 ennemis avec des bataillons composés de conscrits n'ayant pas de gibernes et étant à peine habillés. Les gardes nationales, dites-vous, sont pitoyables. J'en ai ici 4.000 venant d'Angers et de Bretagne, en chapeaux ronds, sans gibernes, mais ayant de bons fusils, j'en ai tiré bon parti.

» Il n'y a pas d'argent, continuez-vous. Et d'où espérez-vous tirer de l'argent. Vous ne pouvez en avoir que quand nous aurons arraché nos recettes des mains de l'ennemi. Vous manquez d'attelages, prenez-en partout. Vous n'avez pas de magasins, ceci est par trop ridicule !

» Je vous ordonne de partir douze heures après la réception de la présente lettre pour vous mettre en campagne. Si vous êtes toujours l'Augereau de Castiglione, gardez le commandement ; si vos soixante ans pèsent sur vous, quittez-le et remettez-le au plus ancien de vos officiers généraux.

» La patrie est menacée et en danger ; elle ne peut être sauvée que par l'audace et la bonne volonté et non par de vaines temporisations. Vous devez avoir un noyau de plus de 6.000 hommes de troupes d'élite ; je n'en ai pas tant et j'ai pourtant détruit trois armées, fait quarante mille prisonniers, pris deux cents pièces de canon et sauvé trois fois la capitale. L'ennemi fuit de tous côtés sur Troyes. Soyez le premier aux balles. Il n'est plus question d'agir comme dans les derniers temps, mais il faut reprendre ses bottes et sa résolution de 93. Quand les Français verront votre panache aux avant-postes, et qu'ils vous verront vous exposer aux coups de fusil, vous en ferez ce que vous voudrez. »

Le maréchal ne pouvait-il aussi chercher à profiter des bonnes dispositions des habitants, qui de toutes parts se levaient contre la domination autrichienne ? Surexcitées par les nouvelles des succès de l'Empereur, les populations renaissaient à la confiance et l'hostilité se manifestait plus ouverte et plus violente contre l'ennemi.

« L'attitude des populations, écrit au général Scheiter le capitaine von Wüsthof, qui opérait vers Chalon et Mâcon, est manifestement hostile. »

Partout on courait aux armes, on enlevait les petits postes ennemis, on attaquait ses convois, on tendait des embuscades à ses petits détachements.

Cet esprit agressif des populations suffisait pour obliger le général Scheiter à concentrer toutes ses forces vers Mâcon.

Mais rien ne put décider le maréchal à prendre avant le 17 février une offensive que la situation lui commandait impérieusement. Les ordres de l'Empereur, la bonne volonté des populations de l'Isère, de l'Ain et du Jura, la dissémination des forces adverses, qu'il connaissait par des rapports certains, l'arrivée des renforts qui lui permettaient d'encadrer solidement ses troupes de nouvelle formation, l'annonce même du succès que remportèrent, le 15, les troupes de Dessaix aux Echelles et à la Grotte, rien n'y fit.

Et pourtant, onze compagnies, vingt escadrons, une batterie à cheval, c'était tout ce que les Autrichiens, à cette date, pouvaient lui opposer !

Augereau ne pouvait pas ne pas connaître cette faiblesse de l'ennemi. Les renseignements lui affluaient de toutes parts. N'était-ce pas le moment de prendre une vigoureuse offensive, de bousculer Scheiter, couper Bubna de ses communications avec Schwarzenberg, puis de marcher franchement et hardiment sur Genève et menacer la ligne de retraite du généralissime autrichien ?

Le 12, une dépêche du Ministre de la guerre lui prescrivait « de ne plus perdre de temps, de repousser immédiatement les Autrichiens le long de la Saône pour menacer la gauche et les derrières des corps autrichiens de Dijon et Besançon... que ce mouvement, bien dirigé, pouvait avoir une influence considérable sur les opérations de la Grande Armée et faire une diversion très utile en faveur de l'Empereur ».

Le 15, nouveaux ordres : « Ecrivez au duc de Castiglione, disait Napoléon dans une dépêche au Ministre de la guerre, que le voilà bien armé et que je lui ordonne dans les circonstances actuelles de se mettre en campagne pour battre Bubna et inquiéter le flanc de l'ennemi. »

Mais le maréchal ne sentit pas que les minutes étaient précieuses, que jamais la situation ne serait plus favorable. Il ne parut pas comprendre l'importance du mouvement prescrit par l'Empereur, ni la célérité qu'exigeaient les circonstances. Le 16, il tergiversait encore, prétextant la pénurie de ses moyens, la fatigue des renforts qui venaient de lui arriver, faisant observer que sa cavalerie et son artillerie étaient en retard et, à l'ordre formel du Ministre lui prescrivant de commencer les opérations, il répondait : « ... Je hâterai autant que possible, quand les troupes seront réunies et reposées, le moment où je commencerai les opérations ; je les combinerai en les rattachant au but principal, les rattachant de préférence à celles qui pourront menacer l'ennemi sur ses flancs et faire ainsi une diversion heureuse en faveur de la Grande Armée... »

C'est à cette lettre que Napoléon répondit par la lettre toute d'indignation que nous avons citée plus haut.

Que penser de cette conduite ? Faiblesse, insouciance, inadmissible incapacité, ou pis encore ? Comment qualifier ces lenteurs. Mais une telle mollesse, une telle légèreté, dans de pareilles circonstances, devant des ordres aussi formels, expliquent, excusent presque les plus défavorables suppositions.

Des auteurs qui se sont occupés sérieusement de la question ont pris la défense du maréchal et se sont efforcés de le disculper des accusations de trahison portées à ce sujet contre lui.

Nous n'avons nullement l'intention de prendre parti dans une discussion aussi grave. Mais nous croyons pouvoir dire, sans porter atteinte à l'honneur du duc de Castiglione, qu'il a, en ces circonstances, manqué à la vraie discipline militaire, et que sa situation de général en chef, malgré toute l'indépendance qu'elle lui donnait, ne lui permettait pas de discuter aussi longuement les ordres de l'Empereur, ni d'en retarder aussi longtemps l'exécution.

Napoléon, il est vrai, a lui-même déclaré :

« Un général en chef n'est pas à couvert par un ordre d'un ministre ou d'un prince éloigné d'un champ d'opérations et connaissant mal ou ne connaissant pas le dernier état des choses. Tout général en chef qui se charge d'exécuter un plan qu'il trouve mauvais ou désastreux est criminel ; il doit représenter, insister pour qu'il soit changé, enfin donner sa démission plutôt que d'être l'instrument de la ruine des siens... Un général en chef est le premier officier de la hiérarchie militaire. Le ministre, le prince, donnent des instructions auxquelles il doit se conformer en âme et conscience, mais ces instructions ne sont jamais des ordres militaires et n'exigent pas une obéissance passive... Un ordre militaire même n'exige une obéissance passive que lorsqu'il est donné par un supérieur qui, se trouvant présent au moment où il le donne, a connaissance de l'état des choses, peut écouter les objections et donner les explications à celui qui doit exécuter l'ordre. »

Mais il ne nous semble pas que le maréchal Augereau puisse, dans le cas particulier, et pour excuser son irrésolution, se réclamer de ces principes. Les ordres qu'il avait reçus étaient formels. Il avait présenté à leur sujet des observations qui n'avaient pas été acceptées ; il ne lui restait qu'à obéir ou se démettre de son commandement.

C'est parce qu'il n'a su se résoudre ni à l'une ni à l'autre de ces deux solutions que nous croyons pouvoir dire que ses tergiversations et son manque d'activité ont été une réelle faute contre la discipline.

« Être discipliné, écrivait le lieutenant-colonel Foch, dans son cours de tactique générale professé à l'Ecole de guerre, ne veut pas dire qu'on ne commet pas de fautes contre la discipline ; cette définition pourrait suffire à l'homme de troupe peut-être, elle est absolument insuffisante pour un chef placé à un échelon quelconque de la hiérarchie, à plus forte raison pour ceux qui tiennent les premiers rangs.

» Être discipliné ne veut pas dire davantage qu'on exécute les ordres reçus dans la mesure qui nous paraît convenable, juste, rationnelle ou possible, mais bien qu'on entre franchement dans la pensée, dans les vues du chef qui a ordonné et qu'on prend tous les moyens humainement praticables pour lui donner satisfaction.

» Être discipliné ne veut pas dire encore se taire, s'abstenir, ou ne faire que ce que l'on croit pouvoir entreprendre *sans se compromettre, l'art d'éviter les responsabilités*, mais bien AGIR dans le sens des ordres reçus, et pour cela trouver *dans son esprit*, par la recherche, par la réflexion, la possibilité de réaliser ces ordres, *dans son caractère*, l'énergie d'assumer les risques qu'en comporte l'exécution. En haut lieu, discipline égale donc activité de l'esprit, mise

en œuvre du caractère. La paresse de l'esprit mène à l'indiscipline comme l'insubordination... »

Qu'on nous pardonne cette citation un peu longue. Mais
elle nous a paru nécessaire pour bien montrer dans quel
sens nous comprenions la faute que nous reprochons au
maréchal Augereau.

Pendant qu'il temporisait ainsi, Schwarzenberg, qui avait
appris l'arrivée à Lyon des troupes d'Espagne, qui savait
à quel point les populations étaient surexcitées contre la
domination autrichienne, qui ne doutait pas qu'Augereau
ne prît aussitôt contre les troupes du prince de Hesse-Ham-
bourg et de Bubna, disséminées de la Saône à Genève et
à Chambéry, une offensive dont les résultats ne pouvaient
être douteux, qui craignait pour ses communications et son
flanc gauche, se hâta de diriger sur Dijon les renforts que
lui amenaient d'Allemagne le prince Philippe de Hesse et
le général Kroyler.

Les tergiversations malheureuses du maréchal et la mollesse de son action allaient permettre à ces renforts d'arriver à temps.

Car si, le 17, après de nouveaux ordres de l'Empereur,
après huit dépêches consécutives de Clarke, Augereau se
décida enfin à mettre en marche ses têtes de colonne, il
opéra avec une telle lenteur que ce ne fut en réalité que
le 28 qu'il commença effectivement ses opérations.

Ces premiers mouvements exécutés sans direction, sans
conviction et sans vigueur, avec pour but simplement de
donner aux ordres de l'Empereur une apparence d'obéissance, furent, pour l'armée du Sud-Est, néfastes de conséquences. Ils instruisirent Schwarzenberg qui profita de
cette interminable période de tâtonnements pour détacher
encore sur Chalon de nouvelles forces, aux ordres de Bianchi.

Et quand Augereau se décidera enfin, il sera trop tard.
Les forces ennemies se seront concentrées sur la Saône.

Tandis qu'il eût pu, quelques jours plus tôt, par une marche rapide que Bubna ne pouvait empêcher, occuper Genève et obliger Schwarzenberg à une retraite précipitée sur le Haut-Rhin.

Que ne pouvait-on espérer de cette reculade, quand le génie d'un Napoléon s'apprêtait à en profiter ?

Donc, le 17 février, Augereau se décidait à prendre l'offensive.

L'armée du Sud-Est était à cette date forte d'environ 24.000 à 25.000 hommes. Il la partagea en quatre divisions.

La première, sous les ordres du général Musnier et forte d'environ 5.500 hommes, fut composée de la moitié de l'infanterie venue d'Espagne et d'une partie des troupes qui se trouvaient déjà sous les ordres de ce général.

La deuxième fut placée sous les ordres du général Pannetier, venu d'Espagne. Elle comprit l'autre moitié des troupes de Catalogne qui, réunies également à une partie de l'ancienne armée du général Musnier, formèrent un effectif de 4.200 combattants.

La troisième, sous les ordres du général Bardet, forma la division de Nîmes. Constituée de six bataillons de conscrits et de deux bataillons du général Musnier, elle atteignait un effectif de 3.500 hommes.

La quatrième était sous les ordres du général Marchand et réunissait toutes les troupes chargées d'opérer en Savoie et en Dauphiné.

Une réserve fut constituée sous les ordres du général Rémond, avec le dépôt du 24ᵉ de ligne et environ 3.000 gardes nationaux. Elle forma garnison de Lyon.

Deux mille cavaliers formés des 4ᵉ et 12ᵉ hussards, du 13ᵉ cuirassiers, de détachements du 1ᵉʳ hussards, des 4ᵉ et 31ᵉ chasseurs, constituèrent la cavalerie de l'armée, sous les ordres du lieutenant général Digeon.

Enfin un corps de partisans, sous les ordres de M. de Damas, surveillait le Bourbonnais et maintenait les communications de Tarare à Mâcon par les montagnes.

Ses troupes ainsi constituées, le maréchal prescrivit :

Que la division Pannetier, renforcée du 13ᵉ cuirassiers, se porterait par Villefranche et la rive droite de la Saône sur Mâcon, pour en chasser Scheither. Elle devait se relier par sa droite au général Musnier quand celui-ci, par Meximieux, serait arrivé à Bourg.

La division Bardet devait appuyer le général Musnier sur sa droite, mais restait momentanément en réserve.

De tous les plans auxquels il pouvait s'arrêter, celui que le duc de Castiglione avait choisi était de beaucoup le plus mauvais.

Disposant de 25.000 hommes et agissant en masse soit vers Mâcon, soit vers Genève, il pouvait, profitant de sa supériorité numérique, percer sans peine la ligne très longue et très mince formée par les troupes autrichiennes de Chalon à Chambéry, et réparer, en partie tout au moins, ses hésitations et ses lenteurs.

Mais, en voulant agir à la fois sur les deux rives de la Saône vers Chalon et vers Bourg, il pouvait bien momentanément gagner du terrain. Mais c'était, avec tous les inconvénients du système, opposer au cordon des troupes ennemies un autre cordon, c'était renoncer à obtenir le succès décisif dont le contre-coup eût pu se faire sentir sur le théâtre principal de la guerre.

Quoique le temps de la réflexion ne lui eût pas manqué, Augereau, cependant, ne paraissait point agir suivant un plan bien étudié et fermement établi. Il ne semblait pas avoir des idées très précises sur la direction qu'il fixerait à la marche de Musnier ; si, après la prise de Meximieux, il le dirigerait sur Bourg ou Genève.

Ses ordres pour la journée du 17 en étaient une preuve.

Les instructions données au général Marchand étaient tout aussi vagues ; il lui proscrivait de « faire une puissante diversion sur Chambéry ou tout *autre lieu qu'il jugerait convenable* ».

En résumé, il semblait que le maréchal se proposât d'occuper Mâcon et Bourg et de chasser les Autrichiens des départements de l'Ain et de la Saône-et-Loire, pendant que l'armée de Savoie opérerait une simple diversion sur Chambéry.

Par ces mesures, Augereau espérait peut-être menacer suffisamment Genève pour obtenir son évacuation.

Une telle conception était peu digne d'un chef d'armée, peu digne surtout de la haute mission que le maréchal avait acceptée. Qu'il y a loin de ces prescriptions vagues, hésitantes, de ce plan dont aucun but ne se dégage clairement, au concept net et précis de l'Empereur : repousser les Autrichiens le long de la Saône, menacer leur gauche et leurs derrières vers Dijon et Besançon, couper en deux cette longue ligne de détachements qu'ils avaient jetés de Langres à Chambéry, isoler ainsi Bubna et l'obliger à une retraite précipitée (1).

Les forces opposées aux divisions Pannetier et Musnier étaient trop faibles pour pouvoir leur opposer une résistance sérieuse.

D'ailleurs, Bubna, prévenu de la supériorité numérique d'Augereau, avait déjà prescrit au feld-maréchal-lieutenant Klébelsberg de se reporter sur la rive gauche du Rhône, dès que les forces françaises s'avanceraient vers Trévoux et Meximieux, et de venir prendre position en arrière du Fier, où, joint à Zechmeister, il couvrirait la route de Genève.

------

(1) Dépêche du Ministre de la guerre du 12 février.

Le colonel Wieland seul restait à Bourg pour surveiller Lyon et, en cas d'attaque, se replier sur Besançon.

Aussi, le 19 février, le général Pannetier pouvait, presque sans résistance, chasser de Mâcon le général Scheither, qui se repliait sur Chalon, harcelé de tous côtés par les paysans soulevés.

Le 18, le général Musnier avait bousculé les avant-postes du colonel Wieland à Meximieux et à Loyes ; le 19, il culbutait sa cavalerie en position à Chalamont, puis à Marlieux, et le même jour il entrait à Bourg, que Wieland dut abandonner, accompagné des coups de fusil des paysans.

Reprise de l'offensive en Savoie.

Opérations de la division Marchand du 12 février au 3 mars.

Nous avons vu qu'à la date du 12 février, le général Marchand avait, dans la mesure du possible, complété l'organisation de sa division.

Il disposait à ce moment d'un peu moins de 5.000 combattants, dont 80 cavaliers, 7 pièces de quatre, 1 obusier :

3ᵉ bataillon du 8ᵉ léger, 368 hommes, 16 officiers (à Chaparcillan) ;

1ᵉʳ bataillon du 18ᵉ léger, 570 hommes, 20 officiers (à Voreppe) ;

3ᵉ bataillon du 1ᵉʳ de ligne, 626 hommes, 20 officiers (à Voiron) ;

4ᵒ bataillon du 5ᵉ de ligne, 420 hommes, 19 officiers (à la Chavanne) ;

4ᵉ bataillon du 11ᵒ de ligne, 579 hommes, 19 officiers (à Barraux) ;

3ᵉ bataillon du 23ᵒ de ligne, 375 hommes, 15 officiers (à la Chavanne) ;

7ᵉ bataillon du 79ᵉ de ligne, 204 hommes, 15 officiers (à Voreppe) ;

7ᵉ bataillon du 61ᵉ de ligne, 275 hommes, 12 officiers (à la Caille) ;

Garnison du mont Cenis, 551 hommes, 7 officiers (à Aiguebelle) ;

Douaniers, 179 hommes, 20 officiers (à Pontcharra) ;

Corps francs, 190 hommes, 9 officiers (à Pontcharra) ;

Cavalerie (4ᵉ chasseurs, 43 ; 35ᵉ chasseurs, 24), 67 hommes, 6 officiers, 69 chevaux ;

Artillerie à pied, 24 hommes, 1 officier, 24 chevaux ;

Gendarmes, 96 hommes, 4 officiers, 12 chevaux ;

Présents sous les armes, 4.536 hommes, 183 officiers, 105 chevaux.

Plus 155 hommes aux hôpitaux.

Marchand (1) se croyait assez fort pour pouvoir reprendre l'offensive. Il n'attendait plus que les ordres du maréchal Augereau..

Ces ordres, malheureusement, n'arrivaient pas.

La lettre du 16 février à M. de Saint-Vallier, que nous avons citée, témoigne encore d'une incompréhensible irrésolution.

Marchand et Dessaix, lassés de cette attente, s'étaient montrés moins pusillanimes et s'étaient résolus à agir de leur propre initiative.

Le 12, le général Dessaix donnait l'ordre à deux compagnies franches qui occupaient les montagnes de la Chartreuse, près d'Entremont, d'enlever, pendant la nuit, le poste ennemi de Saint-Pierre-d'Entremont.

---

(1) Folliet, *Vie du général Dessaix*. État des forces aux ordres des généraux Marchand et Dessaix. Situation du 15 février 1814.

A cette même date, d'après le général Pierron, Marchand disposait de 4.983 fantassins, 103 cavaliers, 12 pièces (stratégie et grande tactique).

La surprise réussit pleinement.

Le 15, toutes les troupes stationnées dans la Grande-Chartreuse et la vallée du Guiers se portèrent à l'attaque des Echelles et du passage de la Grotte.

Pendant qu'une première colonne, constituée par les anciennes troupes du général de Barral et commandée par le chef de bataillon Roberjot, se portait directement sur les Echelles et la Grotte, les gardes nationaux du général Chabert (1) occupaient le pont de Chaille, coupaient les communications des défenseurs des Echelles avec le Pont-de-Beauvoisin et leur fermaient la retraite par la vallée du Guiers. La colonne du colonel Brun, qui avait enlevé la veille Saint-Pierre-d'Entremont, devait en même temps se porter sur Corbel.

L'attaque des Echelles se fit en trois colonnes. Le commandant Roberjot, avec la partie principale de ses forces, attaqua le village de front, pendant qu'une colonne de 300 hommes du 18e de ligne, à droite, franchissait le Guiers-Vif à gué, au sud de Villard, et se portait contre la Grotte ; une autre colonne de 300 hommes du 1er de ligne, après avoir passé sur la rive droite du Guiers-Mort au pont Jean-Lioud, appuya aussitôt à gauche pour menacer la ligne de retraite des Autrichiens sur Chaille. Intimidés par la vigueur de l'attaque et l'ardeur de nos jeunes soldats, les Autrichiens ne firent presque pas de résistance et se replièrent en toute hâte sur la Grotte. Poursuivant leur succès, nos troupes les y suivirent. Un mouvement tournant prononcé par la Combe-de-Gerbaix, et qui mena-

---

(1) Le général de division Théodore Chabert avait fait partie, en même temps que Dessaix, du conseil des Cinq-Cents. Il avait été privé de commandement à la suite de la capitulation de Baylen, à laquelle il avait pris part. Il vivait depuis lors à Saint-Egrève, sous la surveillance politique du maire, qui lui délivra au moment de l'invasion une attestation favorable pour lui permettre de reprendre du service.

çait les derrières de la position, suffit pour faire tomber la défense du passage.

Le soir même, nos troupes occupaient Saint-Jean-de-Couz, et leurs patrouilles s'avançaient jusque vers Saint-Thibaud.

Le même jour, le major Bois, partant de Chaparcillan, chassait les Autrichiens des Marches et occupait ce village, pendant que le général Dessaix essayait de s'emparer de Montmélian. Voulant épargner un bombardement à la ville, il engagea, après quelques coups de canon, des négociations avec les Autrichiens, espérant les décider à la retraite. Le commandant autrichien demanda quelques heures pour prendre une décision. Le 16 au matin, il répondait en refusant de rendre la ville qu'il déclara ne vouloir abandonner que s'il était attaqué de front et de flanc.

Dessaix apprenait, dans la journée du 16, le succès de la colonne que Marchand avait dirigée contre les Echelles.

Il prescrivait aussitôt au major Bois de se porter, le 17 au matin, des Marches sur Saint-Jeoire, pour couper la retraite sur Chambéry aux défenseurs de Montmélian. En même temps, deux bataillons qu'il avait détachés sur la rive droite de l'Arc dès la veille franchissaient l'Isère, l'un (3ᵉ bataillon du 23ᵉ de ligne, commandant Escard) en face de Saint-Pierre-d'Albigny, où il établissait rapidement un pont de voitures ; l'autre (bataillon du Mont-Cenis, major Gros-Lambert), en aval de Conflans.

Ces mouvements devaient se combiner avec une attaque de front exécutée contre Montmélian par les troupes postées à la Chavanne.

Dessaix avait espéré, par ces mesures, couper la retraite au détachement autrichien de l'Hôpital et prendre entre deux feux les postes ennemis de Grésy et Saint-Pierre-d'Albigny.

Mais, le 15 au soir, le général de Klébelsberg, qui avait pris le commandement des troupes, en remplacement de Bubna indisposé, et qui avait été instruit des événements, avait prescrit un mouvement de retraite sur Chambéry avec ordre de couvrir la route de Genève.

Se conformant à ces ordres qui leur étaient parvenus le 16 seulement, les Autrichiens avaient évacué Montmélian dans la nuit du 16 au 17.

Les détachements de Grésy, Saint-Pierre et l'Hôpital, qui avaient commencé leur mouvement de retraite, purent s'échapper et se retirer sur Annecy par les cols d'Ugine et de Tamié, et dans les Bauges par le col du Frêne.

Dessaix, après avoir rétabli le pont, occupait Montmélian et faisait sa jonction avec la colonne du major Bois, forte d'environ 800 hommes.

Le soir de ce même jour, ses avant-postes s'établissaient aux portes mêmes de Chambéry, à Leysse et Barberaz, et ses patrouilles s'avançaient jusque dans le faubourg de Montmélian.

Il se liait en même temps aux troupes du général Marchand, qui s'étaient avancées des Echelles sur Chambéry et, ce même jour, occupaient le faubourg Maché.

La ville pouvait être enlevée dès le lendemain. Mais les mêmes raisons qui avaient arrêté le général Dessaix devant Montmélian arrêtèrent encore nos troupes devant Chambéry.

Pour éviter à la ville les rigueurs d'une attaque de vive force, Marchand et Dessaix sommèrent Zechmeister de l'évacuer. Ils obtinrent seulement que Chambéry serait considéré comme neutre. Les Autrichiens se replièrent sur le faubourg du Reclus, s'y retranchèrent et établirent sur les hauteurs de Lémenc plusieurs fortes batteries, ne laissant dans Chambéry que quelques petits postes seulement.

Tous ces retards étaient évidemment des fautes. Les troupes françaises étaient assez fortes pour bousculer les avant-postes de Zechmeister, et nos généraux pouvaient se porter hardiment à l'attaque des 2.000 hommes environ qu'ils avaient devant eux.

Mais la responsabilité de ces lenteurs est en grande partie imputable à l'apathie du maréchal Augereau ; c'est elle qui fut la cause première des hésitations des généraux Dessaix et Marchand, qui, agissant de leur propre initiative, n'osèrent pas bombarder Montmélian ni attaquer Chambéry.

C'était une perte d'au moins trois jours, et ce retard devait être gros de conséquences. Il avait provoqué tout d'abord une division regrettable des opérations des généraux Marchand et Dessaix, qui ne purent que le 18 coordonner leurs efforts et agir efficacement contre Chambéry. Il avait permis à Zechmeister d'effectuer son mouvement de retraite en toute tranquillité, d'occuper Chambéry jusqu'au 19 et d'opérer en toute liberté la concentration de ses forces entre Chambéry et Aix.

La journée du 18 tout entière se passa en négociations avec l'ennemi et dans une néfaste immobilité. On l'employa « aux dispositions nécessaires pour s'emparer de la ville et la rendre le moins possible victime des événements », écrit, dans son rapport, le général Dessaix.

Le 19 à la pointe du jour, les Français se portèrent à l'attaque. Les derniers postes autrichiens qui couvraient Chambéry furent culbutés sans difficultés. Pendant qu'une forte reconnaissance prenait position au col de Saint-Saturnin, le pont du Reclus était enlevé à la baïonnette, au pas de charge, et Dessaix faisait tourner par Bassens les positions autrichiennes de Lémenc.

Poursuivant leur succès, nos troupes s'avançaient alors contre Zechmeister, qui avait pris position à Ragès, sa droite appuyée à Voglans, sa gauche aux montagnes, au château de Montagny.

Elles débouchaient de Chambéry en trois colonnes. La colonne de gauche suivait la vallée de la Leysse, le centre se déployait sur les hauteurs de la Croix-Rouge et des Barandiers, pendant que la troisième colonne, à droite, se portait à l'attaque du château de Montagny.

Après un combat très vif, nos jeunes soldats réussirent à rejeter les Autrichiens dans le fond de Ragès. Mais, profitant du désordre qui régnait à ce moment dans leurs rangs, le comte Zichy se jeta sur eux avec deux escadrons de hussards, les sabra, les culbuta, et les ramena jusqu'à la position de la Croix-Rouge.

L'attaque du comte Zichy vint se briser sous les feux de deux bataillons de renfort, et les Français purent reprendre un mouvement général d'offensive. Mais cette charge de la cavalerie autrichienne avait permis à Zechmeister de réoccuper sa première position à Ragès, et de se maintenir au château de Montagny, qui fut pris et repris plusieurs fois.

Nos troupes ne pouvaient finalement que conserver leurs positions.

Une attaque de nuit, tentée par la droite française contre le château de Montagny, réussit temporairement. Mais les Autrichiens, revenus à la charge, en délogèrent nos troupes, s'y installèrent et s'y maintinrent contre toutes les tentatives.

Nous avions perdu, dans cette journée, une quinzaine de morts et environ 120 blessés. Les pertes autrichiennes avaient été beaucoup plus fortes, et nous leur avions fait, en outre, une centaine de prisonniers ; une pièce de canon, également, restait entre nos mains.

Epuisées par cette lutte, les troupes françaises n'eurent, le 20, que des engagements de peu d'importance. Pourtant, elles réussirent à enlever définitivement le château de Montagny, et les Autrichiens se reportèrent plus en arrière, vers Voglans, la droite au lac du Bourget, la gauche aux montagnes, couverts par des marais sur leur front.

La journée du 21 se passa sans combats, et Marchand prit ses dispositions pour tourner la position ennemie par sa droite. Mais, en même temps, le commandant des troupes autrichiennes recevait l'ordre de se replier derrière le Fier. Il commença son mouvement dans la nuit du 21 au 22, poursuivi par les Français qui occupèrent Aix.

Zechmeister s'était replié sur Annecy, avec neuf compagnies, deux escadrons et six bouches à feu. Il avait laissé à Albens, pour couvrir sa retraite, une arrière-garde de six compagnies, un escadron, un canon, sous les ordres du colonel Benzeck. Il avait détaché en même temps à Rumilly le colonel Zichy avec deux bataillons, deux escadrons et quatre canons, et envoyé à Faverges, pour couvrir sa gauche et surveiller la direction d'Albertville, un détachement de quatre compagnies et un escadron.

Le 23 février, les Français, renforcés de près de 1.500 hommes que leur avait amenés le général Serrant, reprirent leur marche en avant. Ils culbutèrent l'arrière-garde ennemie à Albens et la rejetèrent sur Alby. A 10 heures du soir, le commandant Escard occupait avec son bataillon le pont sur le Chéran.

Le lendemain 24, la poursuite continuait. Les Français formèrent deux colonnes. Le général Serrant, avec quatre bataillons et trois bouches à feu, soit environ 1.800 hommes (1), prit la route d'Annecy.

Dessaix, avec environ 2.500 hommes et quatre pièces de canon, se dirigea sur Rumilly. Marchand gardait en réserve un millier d'hommes presque tous conscrits.

En débouchant d'Alby, le général Serrant se heurtait à

_____

(1) Folliet, dans son ouvrage sur la vie du général Dessaix, dit 1.200 hommes. Ce chiffre est en contradiction avec ceux qu'il donne

l'arrière-garde autrichienne, qui essayait de l'arrêter en occupant, au nord de la ville, la croupe et les bois de Saint-Sylvestre. Débusqués des positions qu'ils occupaient, les Autrichiens essayèrent encore d'arrêter les Français vers Sainte-Catherine et les Fourches. Repoussés de nouveau, ils furent définitivement obligés de se replier sur Annecy.

A 3 heures les troupes françaises arrivaient devant la ville.

Zechmeister avait jeté un bataillon dans le château qui la domine et s'était établi sur la grande route, avec le reste de ses forces. Après deux heures d'un combat des plus vifs, il cédait à l'impétuosité d'une attaque générale de nos soldats qui entraient dans la ville pêle-mêle avec l'ennemi.

Les Autrichiens se retirèrent derrière la ligne du Fier sur Cruseilles.

Epuisés par leur marche et les trois combats livrés dans la journée, les Français s'arrêtèrent sur le Fier.

A gauche de Serrant, le général Dessaix s'était porté d'Albens sur Rumilly. Il en chassait le comte Zichy et le rejetait derrière le Fier, où le général autrichien s'établissait après avoir fait barricader le pont Coppet. La cavalerie ennemie descendait aussitôt la rive droite et allait occuper le pont Saint-André. Reculant devant une attaque

---

des effectifs (à la date du 15 février) des bataillons formant cette colonne.

3ᵉ bataillon du 8ᵉ léger.	368 hommes.
Bataillon du Mont-Cenis.	551 —
1ᵉʳ bataillon du 11ᵉ de ligne.	579 —
3ᵉ bataillon du 23ᵉ de ligne.	375 —
TOTAL.	1.873 hommes.

Il est difficile d'admettre que, du 15 au 24 février, ces bataillons aient perdu près de 700 hommes.

de front trop meurtrière et dont l'issue restait douteuse,
Dessaix établissait rapidement en amont un pont impro-
visé et jetait sur la rive droite une partie de ses troupes.
Ce mouvement décidait la retraite de Zichy, qui recevait
de Zechmeister, pendant la nuit, l'ordre de se replier sur
Frangy, en arrière du torrent des Usses.

Zechmeister lui-même passait sur la rive droite de ce
torrent au pont de la Caille et concentrait le gros de sa
colonne à Cruseilles.

Le 24, Klébelsberg, rappelé de Pont-d'Ain par Bubna,
et chargé de soutenir Zichy, arrivait à Seyssel et occupait
Clermont.

Le lendemain, il se portait sur Frangy, où il s'unissait
à Zichy, pendant que les Français franchissaient le Fier
aux ponts de Brogny et de Coppet, faisaient reconnaître
Seyssel et occupaient les hauteurs de Clermont.

Le 26, les Autrichiens reculaient encore et allaient prendre position sur la ligne Saint-Julien, Archamps, couverts
par la vallée de l'Aire (1). La brigade Zechmeister, à
droite, s'étendait de Saint-Julien à Bardonnex, surveillant la direction de Rumilly et détachait à Bernex, pour
couvrir sa droite, un parti de cavalerie et d'infanterie, avec
deux pièces de canon sous les ordres du major Marschall.
La brigade Klopfstein formait l'aile gauche, de Landecy
à Archamps, appuyée aux pentes du Salève.

Mais, ce même jour, le général Serrant enlevait à la
baïonnette le pont de la Caille, rejetait les Autrichiens sur
le bois de Cruseilles et Copponex. Dessaix, en même
temps, occupait Frangy, s'emparait des hauteurs de Chaumont et poussait ses reconnaissances jusqu'à l'Eluiset, à
13 kilomètres de Genève.

Klébelsberg, trouvant trop étendue la position primiti-

_____

(1) Affluent de l'Arve.

vement choisie, se concentrait entre Saint-Julien et Landecy.

Le 27 au matin, les troupes du général Dessaix débouchaient en avant de Chaumont, s'avançaient contre Saint-
Julien et prenaient position sans combat entre Viry et
l'Eluiset. Pendant ce temps, la colonne du général Serrant
chassait de Pommiers et le Chable les avant-postes autrichiens et les poursuivait jusqu'à hauteur de Moisin, où
elle dispersait à coups de canon la cavalerie ennemie qui
voulait s'opposer à sa marche.

Le défaut de liaison entre les deux colonnes faillit compromettre le succès de la journée.

Séparées par les hauteurs de Sion et les contreforts
qu'elles détachent vers le sud jusque sur la rive droite du
torrent des Usses, les deux colonnes, partant l'une de
Frangy, l'autre de Cruseilles, ne pouvaient coordonner
leurs efforts et prononcer contre la position autrichienne
leur attaque simultanément, qu'à la condition d'être intimement liées par un service de correspondance tenant les
routes ou les chemins qui traversent ce massif monta-
gneux.

Cette précaution fut négligée. Les généraux Dessaix et
Serrant ne surent pas réciproquement se tenir au courant
des incidents de leur marche. Les conséquences de cette
faute furent immédiates.

Trompé par les échos d'une canonnade qu'il crut entendre du côté de l'Eluiset (1), supposant les troupes du
général Dessaix aux prises avec l'ennemi et voulant se
relier avec elles, le général Serrant se porta rapidement
sur la route de Carouge.

_____

(1) La canonnade dont le bruit paraît avoir trompé Serrant pro-
venait de la colonne Bardet, qui, de l'autre côté du Rhône, s'ap-
prochait du fort de l'Ecluse en chassant les postes ennemis, et
l'écho des montagnes favorisa la méprise. (Folliet, *Vie du général
Dessaix.*)

Cette marche de flanc en présence de l'ennemi, et presque sous son canon, était délicate. Elle exigeait d'être
soigneusement couverte par un détachement de flanc-
garde de force suffisante surveillant les directions dangereuses par où l'ennemi pouvait déboucher.

Le général Serrant commit l'imprudence de négliger ces
précautions élémentaires de sûreté. Il se portait directement sur Carouge, n'ayant laissé en face de l'adversaire,
pour protéger son mouvement que les tirailleurs déjà en-
gagés, quand il se trouva soudain assailli sur son flanc
droit par deux bataillons autrichiens sortis d'Archamps
et de La Place. La bonne tenue de ses troupes lui permit
pourtant de faire rapidement face à l'attaque. Il put la
repousser sans trop de peine et enleva successivement
Moisin, Neydens, La Place et attaqua à 1 heure le village
d'Archamps. Se glissant le long de la montagne, les Français réussirent à tourner le village et à en chasser les
troupes ennemies. Mais, ayant reçu des renforts, les Autrichiens revinrent à l'attaque, réoccupèrent le village et
parvinrent à s'y maintenir. Menacé à son tour sur sa gauche par l'ennemi qui cherchait à gagner Neydens en partant de Saint-Julien et de Ternier, la colonne française
abandonna Archamps, se retira sur Neydens, le Chable, le
mont Sion et s'établit à Charly, Copponex et Cruseilles,
où elle passa la nuit.

La colonne Dessaix, pendant ce temps, s'était avancée
jusqu'à l'entrée de Saint-Julien, mais n'avait pu seconder
en temps utile l'attaque prononcée par la colonne de
droite. L'échec de cette attaque l'obligeait à revenir prendre position entre Viry et l'Eluiset, couverte sur son front
par la petite vallée de l'Aire (1).

Bien que la journée eût été en somme favorable à ses

_____

(1) Affluent direct du Rhône.

troupes, ce combat avait fortement impressionné et inquiété Bubna. Le soir de la bataille, il écrivait à Schwarzenberg :

« ... Nous sommes restés maîtres d'Archamps, en perdant toutefois tant de monde que si l'ennemi attaque de nouveau, nous serons obligés de nous replier sous le canon de Genève. Mes officiers, épuisés de fatigue, sont presque tous malades. Je manque de vivres pour mes troupes et de fourrages pour mes chevaux. Les communes cachent tout ce qu'elles ont et je n'ai pas les moyens de lever des réquisitions. Comme on se bat à deux lieues de Genève, j'ai mis la ville en état de siège. La ville et ses habitants ont vingt jours de vivres. J'ai fait filer mes bagages sur Berne... »

Donc, si les Français eussent disposé à cette date de forces suffisantes pour pouvoir prononcer contre la position de Saint-Julien et contre Genève une vigoureuse attaque, nul doute qu'elle n'eût pleinement réussi et que la ville ne fût tombée en leur pouvoir.

Malheureusement les renforts promis par Augereau au général Marchand n'arrivaient pas.

Pourtant, quand il apprit, le 27 février, les succès de nos troupes en Savoie, il parut se décider enfin à suivre le plan que l'Empereur lui dictait depuis si longtemps, et il donna des ordres pour porter toutes ses forces vers Genève et la Suisse.

Depuis le 20 février, le général Musnier était à Bourg, immobile, se contentant de pousser sur Neuville-sur-Ain, Saint-Amour, de petits détachements qui arrivaient généralement trop tard pour inquiéter la retraite des colonnes ennemies.

Augereau lui donna l'ordre de se porter de Bourg, par Saint-Amour, Lons-le-Saunier, les Chettes, Morez, sur Nyon, où il devait arriver le 3 mars.

Le général Pannetier, de Mâcon, devait gagner Lons-le-Saunier, et se diriger ensuite sur le pays de Vaud.

Le général Bardet qui avait quitté Lyon, le 24 seulement et devait arriver le 27 à Nantua, recevait l'ordre de chercher à rejoindre le général Marchand par Bellegarde ou Seyssel.

Le général Pouchelon, qui, lancé à la poursuite de Kléblesberg, était déjà à Châtillon-de-Michaille, précéderait le général Bardet et devait coopérer, avec Marchand et Dessaix, à l'attaque de Genève.

Cette décision était bien tardive déjà. Pourtant, menée avec résolution, l'opération ainsi combinée eût pu nous procurer les plus heureux résultats. Malheureusement, l'incapacité du maréchal et sa criminelle désobéissance allaient de nouveau et définitivement cette fois compromettre le succès des opérations.

Le 28 février, le général Dessaix avait fait canonner, de l'Eluiset et de Viry, les positions autrichiennes de La Côte. Mais le général Marchand, qui venait d'être informé des nouvelles dispositions prises par le maréchal Augereau et qui savait que le général Musnier n'arriverait à Nyon que le 3 mars, qui avait été informé d'autre part que le corps de Bubna, qu'à tort ou à raison il croyait supérieur numériquement (1), était en entier rassemblé devant lui, ne voulut pas s'engager à fond avant d'avoir reçu les renforts annoncés, et tout se borna à quelques escarmouches sans importance.

---

(1) A la date du 26 février, d'après Folliet, qui a emprunté à l'ouvrage du général Guillaume de Vaudoncourt ces chiffres tirés des rapports allemands, Bubna disposait de 12 bataillons d'infanterie et 18 escadrons, représentant un effectif de 10.650 hommes environ, et une nombreuse artillerie. La colonne de Marchand, à la même date, se composait de 9.500 hommes, 9 pièces de quatre et un obusier, y compris la brigade Bardet. — D'après le général Pierron, le corps de Klébelsberg à Saint-Julien se composait de

Le même jour, le général Pouchelon arrivait de Seyssel avec sa brigade (1).

Malheureusement les munitions nous manquaient.

De Frangy, le général Marchand avait écrit au comte de Saint-Vallier pour lui demander de faire établir dans cette localité un dépôt de munitions. Le temps n'avait pas encore permis de procéder à cette installation. Nos arsenaux étaient à Barraux et à Grenoble. La longueur du chemin et aussi la mauvaise volonté des convoyeurs rendaient le ravitaillement lent, difficile et incertain.

La pénurie des munitions devint telle, qu'à la suite du combat que livrèrent ses troupes le 1er mars, le général Marchand fut réellement inquiet : « Le combat d'hier, auprès de Saint-Julien, écrit-il à M. de Saint-Vallier (de Frangy), le 2 mars, a duré jusqu'à 4 heures du soir. La neige, qui est arrivée dans ce moment, a séparé les combattants. Le plus fâcheux résultat que nous ayons eu, a été d'épuiser nos munitions et nous ne saurions comment faire si l'ennemi nous attaquait aujourd'hui. Nous avions contre nous des pièces de douze, de façon que notre artillerie ne pouvait faire aucun mal. Nous avons eu douze ou quatorze amputés. Nous avons fait néanmoins 24 prisonniers. Je serai dans l'inquiétude, tant qu'il ne nous sera pas arrivé de munitions. Et je vous prie d'employer tous les moyens pour nous en faire parvenir, surtout en poste. Ce qui nous manque principalement sont les cartouches d'infanterie et des gargousses de quatre. Il nous en faudrait six caissons de chaque espèce. »

---

10 bataillons et 8 escadrons, soit 10.000 hommes et 29 pièces. Bubna occupait Genève avec 2 bataillons et 8 escadrons. Marchand, renforcé de la brigade Pouchelon, aurait disposé de 11.000 hommes et 13 pièces, non compris la brigade Bardet à Saint-Genix.

(1) 1.200 hommes, d'après Folliet; 2.500 hommes, d'après le général Pierron.

Le même jour, à 8 heures du soir, il écrit encore :
« J'arrive de Saint-Julien, à une lieue de Genève. Il paraît
que les Autrichiens détruisent tous les ponts sur l'Arve,
et ils avaient encore un poste de cinquante hommes à Carouge pour protéger cette opération. Nous sommes dans
un tel état de détresse, après le combat d'hier, qu'il serait
même imprudent pour nous de tenter de chasser ces cinquante hommes pour nous conserver un pont sur l'Arve, et
ce que nous pouvons désirer de mieux, c'est d'avoir une
barrière entre les Autrichiens et nous. Il est très heureux
que les circonstances aient obligé l'ennemi à penser à faire
sa retraite. Il ne nous restait pas de munitions pour soutenir le feu pendant une heure, et si nous eussions été
attaqués, on ne peut pas prévoir combien auraient été funestes pour nous les résultats d'une seconde affaire. J'ai
été épouvanté lorsque j'ai vu tout cela de près. Il n'y avait
aucune valeur qui eût pu remédier, le mal était irrémé-
diable. »

Le 1er mars, en effet, les généraux Dessaix et Serrant
s'étaient portés à l'attaque des positions autrichiennes de
Saint-Julien. Pendant que le général Serrant, à droite,
marchait contre La Place et Archamps, le général Dessaix
débouchait de Viry, l'Eluiset en trois colonnes et s'avançait contre Saint-Julien.

Le général Pouchelon, au centre, suivait la grande route
de Saint-Julien barrée par l'ennemi qui occupait le village
de Sur-la-Côte. Il lançait deux compagnies dans le bois
de la Rippes, au nord du village, et les Autrichiens, dé-
bordés se repliaient sur le plateau à l'ouest de Saint-Julien, vers Songy. Mais nos troupes tombaient alors sous
les feux d'une artillerie très supérieure à la nôtre et
étaient obligées de s'arrêter. Dessaix, laissant au centre
un simple rideau de tirailleurs, qui parvinrent à maintenir
l'ennemi dans ses positions, renforçait sa colonne de gau-

chc par toute la brigade Pouchelon, sauf un bataillon porté sur la droite.

Cette colonne se portait rapidement de Viry sur Crache et Thairy, dont elle s'emparait, pendant que Serrant, avec la troisième colonne à droite, occupait le château d'Ogny et menaçait Cervonnex. Débordé sur ses deux ailes, l'ennemi se repliait et prenait position sur les hauteurs au nord de Saint-Julien, protégé par une batterie de quatorze pièces que Klébelsberg y avait fait installer.

Dessaix s'établissait aussitôt sur les positions que l'ennemi venait d'abandonner et engageait avec les batteries ennemies un violent duel d'artillerie. Mais, des cinq pièces dont il disposait, deux furent rapidement démontées. Il lança alors, contre Ternier, pour tourner la gauche ennemie, le commandant Roberjot avec un bataillon. L'attaque paraissait en bonne voie. Mais, par suite de négligences semblables à celles commises l'avant-veille — défaut de liaison entre les troupes, absence d'un service suffisant de protection et de sûreté — l'opération échoua malheureusement.

La ligne ennemie, en effet, commençait à faiblir, quand des troupes fraîches, débouchant de Landecy et qu'on avait laissées approcher sans méfiance, croyant avoir affaire à la colonne Serrant, se jetèrent sur notre flanc droit, bousculèrent nos troupes, légèrement désorganisées par l'attaque, et les rejetèrent dans le ravin du Nant-de-Feigères. En même temps, la cavalerie autrichienne se jetait sur l'artillerie. Mais, accueillie par le tir à mitraille des pièces françaises, vigoureusement défendues par leurs soutiens, elle reculait en désordre et disparaissait du champ de bataille.

Le commandant Roberjot, aidé par le général Chabert, avait pu rapidement rallier ses troupes et, soutenu par le bataillon Garin, de la brigade Pouchelon, il reprenait son mouvement en avant.

En même temps, la colonne du général Serrant, qui avait de nouveau chassé les Autrichiens de Moisin et de Neydens, arrivait devant La Place et se reliait par sa gauche aux troupes du général Dessaix.

L'attaque allait pouvoir reprendre sur toute la ligne. Mais les munitions étaient presque épuisées et les généraux français n'étaient pas sans inquiétude à ce sujet quand, heureusement, une neige abondante et la nuit qui survinrent arrêtèrent tout mouvement.

Les troupes françaises bivouaquèrent et cantonnèrent sur les positions conquises, en face de Saint-Julien.

Persuadé que son lieutenant ne pourrait tenir le lendemain à Saint-Julien, Bubna lui prescrivait de se replier pendant la nuit derrière l'Arve, de venir s'abriter avec son infanterie sous le canon de La Place, et de faire filer sa cavalerie sur Yverdun, d'où elle pourrait rejoindre les autres troupes autrichiennes.

Dès le 2 au matin, le mouvement commençait. Il put s'exécuter sans être inquiété par les Français, que la pénurie des munitions rendait prudents.

Les Autrichiens laissèrent quelques postes à Carouge ; le lendemain, à l'approche des troupes françaises, ils se retirèrent en faisant sauter les ponts.

Le jour où Dessaix attaquait les positions de Saint-Julien et décidait par cette attaque le général Bubna à rappeler ses troupes derrière l'Arve, le général Bardet s'emparait de Fort-l'Ecluse, s'établissait avec le gros de ses forces à Farges et détachait sur Frangy un corps de 1.500 hommes qui se reliait aux troupes du général Marchand.

Le lendemain, il s'avançait jusqu'à Saint-Genix, à 4 lieues de Genève. Le général Musnier, pendant ce temps, était arrivé le 28 février à Lons-le-Saunier, où il entrait pêle-mêle avec l'ennemi. Le 1er mars, il était aux Petites-Chettes, après avoir culbuté à Poligny un détachement de 2.000 Autrichiens ; le 2, à Morez. Aidé par les habitants

qui frayèrent à ses troupes une route à travers la neige,
il franchissait le passage des Rousses le même jour, pendant que le général Ordonneau prenait les devants et
venait occuper Saint-Cergues.

L'investissement de Genève était chose faite. La cavalerie autrichienne, profitant des dernières heures où la
route était libre encore, filait à toute allure sur Yverdun.
Dessaix sommait Bubna de lui rendre la ville.

L'heure paraissait venue où le général autrichien, complètement cerné dans une place ouverte, peu susceptible
de défense, allait être réduit à capituler.

Quand, brusquement, un ordre imprévu du maréchal
vint anéantir toutes les espérances : les généraux Musnier,
Bardet et Pouchelon, abandonnant Genève, devaient venir
le rejoindre vers Lons-le-Saunier, pour se porter sur Besançon.

Que signifiait cette nouvelle détermination ? Comment
expliquer cette nouvelle faute, d'une inadmissible grossiè-
reté, qui, jointe aux erreurs trop nombreuses déjà du maréchal, anéantissait désormais toute chance de succès ?

Le 1er mars, il avait écrit de Pont-d'Ain au général
Bardet :

« ... J'ai reçu hier à Lyon votre lettre, mon cher général. Je désire savoir où vous êtes aujourd'hui et si vous
avez fait votre jonction avec le général Marchand. Si Genève tombe, le général Dessaix y restera avec 1.000 hommes, et le général Marchand et vous poursuivrez l'ennemi
et tâcherez de le tourner. Si vous ne pouvez pas l'atteindre, alors le général Marchand, vous et le général Pouchelon, vous viendrez me rejoindre à Lons-le-Saunier,
où je serai et où le général Musnier est entré hier, après
avoir culbuté l'ennemi et lui avoir tué ou fait prisonnier
environ 400 hommes. Ce général poursuit sur Nyon, où il
sera le 3 mars. Adressez-moi vos rapports à Bourg. Com-

muniquez ma lettre aux généraux Marchand, Dessaix et Pouchelon.

» Le général Marchand voudra bien écrire, de ma part, au sénateur comte Vallier d'envoyer en Savoie tout ce qui est disponible à Grenoble... »

Ces instructions ne modifiaient pas les ordres antérieurement donnés. Mais les réticences dont le maréchal usait en parlant de la prise de Genève, l'ordre qu'il donnait à M. de Saint-Vallier d'envoyer en Savoie tout ce qu'il avait de disponible à Grenoble, permettent de croire que dès ce jour il songeait au mouvement de concentration à Lons-le-Saunier qu'il devait prescrire le lendemain, à son arrivée à Bourg.

« ... Si vous n'avez pas encore passé par le Fort-l'Ecluse ou par Seyssel, écrit-il au général Bardet, venez avec le général Pouchelon me rejoindre à Lons-le-Saunier. Si vous avez passé, dites au général Pouchelon de vous quitter et de me rejoindre à Lons-le-Saunier. »

Il est bien difficile d'expliquer cette détermination subite arrêtant et bouleversant en pleine exécution les opérations commencées, au moment précis où elles allaient recevoir leur sanction et porter des fruits.

Pareils tâtonnements, pareilles hésitations, un tel manque d'esprit de suite dans les idées, ne sont pas admissibles chez un chef d'armée. Des contre-ordres aussi imprévus et si peu justifiés témoignent, de la part du chef qui les prescrit, la plus coupable insouciance ou la plus inadmissible incapacité. Mais, quand ces procédés se compliquent de désobéissance aux ordres les plus formels, ils deviennent un crime.

Et les ordres n'avaient pas manqué au duc de Castiglione. Nous en avons parlé déjà. Mais le jour même où il prenait cette funeste décision, il recevait de Napoléon de nouvelles instructions lui prescrivant itérativement de poursuivre le mouvement sur Genève (1).

« ... Sa Majesté veut toujours que vous réunissiez les troupes sous vos ordres. Vous rassemblerez ainsi 25.000 hommes et le prince Borghèse vous en enverra 8.000 à Chambéry. Avec ces forces, vous devez marcher droit à l'ennemi, culbuter Bubna, reprendre Genève, menacer les communications de l'ennemi avec la Franche-Comté et faire lever le siège de Besançon... Deux plans d'opérations se présentent pour vous. L'un consiste à se porter sur les derrières de l'ennemi par la Suisse ; l'autre à marcher directement sur Dijon pour faire jonction avec la Grande Armée. Il faut donc réunir vos troupes, marcher en avant et culbuter Bubna, qui ne peut vous résister. Je pense d'ailleurs que les ordres de Sa Majesté vous auront déterminé à agir d'une manière plus conforme à ses intentions et que ma lettre vous trouvera déjà en mouvement... »

Donc, tout en laissant à Augereau le choix entre ces deux plans, l'Empereur exigeait d'une façon formelle l'occupation immédiate de Genève d'abord. Puis il demandait une réponse catégorique relativement au plan que le maréchal Augereau se décidait à suivre.

Cinq jours auparavant, d'ailleurs, une autre lettre de l'Empereur lui avait déjà fixé sa ligne de conduite (2).

« Sa Majesté n'est pas satisfaite de vos dispositions. En poussant ainsi des détachements dans différentes directions, vous allez chercher tous les points où sont les forces disséminées de l'ennemi, au lieu de frapper au

---

(1) Lettre de Clarke, renouvelant les ordres de l'Empereur au maréchal Augereau.
(2) Lettre de Clarke au maréchal Augereau.

cœur en allant droit au foyer principal d'où partent les
coups. Sa Majesté m'ordonne, en conséquence, de vous
réitérer ce que je vous ai mandé trois fois par son ordre.
Vous devez réunir vos troupes en une seule colonne, vous
mettre à la tête et marcher soit sur le pays de Vaud, soit
sur le Jura et la Franche-Comté, au cas que l'ennemi
s'y trouve rassemblé, et pousser devant vous le corps de
Bubna, si vous ne parvenez pas à le battre de manière
à l'anéantir. C'est par la réunion des masses qu'on obtient
de grands succès et qu'on en tire de grands résultats. »

Le maréchal est donc complètement inexcusable. La
mesure qu'il venait de prendre, en dégageant les communications de Bubna, allait sauver ce général d'une capitulation qu'il ne pouvait plus éviter, et, laissant le général
Marchand livré à ses propres ressources, le mettait dans
l'impossibilité absolue de s'emparer de Genève.

Ce n'était point d'ailleurs la dernière des fautes qu'il
devait commettre. Car, pendant qu'avec une quiétude et
une désinvolture stupéfiantes il préparait à Lons-le-Saunier l'exécution de plans irréalisables, le corps de
Bianchi, à qui toutes ces lenteurs avaient donné le temps
d'arriver à Dijon, allait se porter sur Lyon par la vallée
de la Saône.

Et le maréchal, devant cette menace, se repliera directement sur la ville, compromettant définitivement par son
incapacité et son indiscipline le plan conçu par l'Empereur, et dont l'exécution lui avait été confiée, et consom-
mait ainsi la défaite de son pays que la simple obéissance aux ordres reçus eût peut-être suffi à sauver.

Avant de continuer l'exposé des derniers événements
qui marquèrent la fin de la lutte en Savoie, nous allons
résumer brièvement les opérations de l'armée d'Augereau
autour de Lyon.

Opérations de l'armée d'Augereau, du 3 mars à la signature de l'armistice, le 12 avril.

Le 3 mars Augereau était arrivé à Lons-le-Saunier avec les divisions Pannetier et Digeon, et nous venons de voir que ce même jour le général Musnier avait débouché sur Saint-Cergues, le général Bardet était à Saint-Genix, le général Pouchelon avait rejoint les généraux Marchand et Dessaix à Carouge.

Donc, au moment où le maréchal, sous prétexte d'obéir aux ordres de l'Empereur, abandonnait Genève pour marcher sur Besançon, sans laisser au général Musnier le temps d'achever son mouvement, l'armée française était disséminée sur la ligne Lons-le-Saunier, Poligny, Morez, Genève. C'est ainsi que, n'osant exécuter la nouvelle manœuvre qu'il avait conçue avec les deux seules divisions dont il disposait, Augereau donnait, le 4 mars, l'ordre rappelant toutes ses troupes vers Lons-le-Saunier, où il voulait les concentrer avant de prendre l'offensive.

Mais Schwarzenberg, inquiet de la tournure que prenaient les événements en Savoie, et prévenu de l'arrivée à Lyon des troupes d'Espagne, avait résolu de renforcer son aile gauche. Les indécisions et les lenteurs du maréchal lui donnèrent tout le temps nécessaire.

Il détachait la division Bianchi au secours de Scheither et pressait en même temps l'arrivée des renforts qu'amenait le prince héritier de Hesse-Hombourg, nommé généralissime de la nouvelle armée du Sud, dirigée contre Lyon.

Pour arrêter la marche d'Augereau, le prince héritier prescrivait à ses troupes, divisées en trois corps, de se diriger droit sur Lyon par les deux rives de la Saône.

Le 1er corps, colonne de droite, sous les ordres de

Bianchi, comprenait quatre divisions : Bakony, Hardegg, Wied-Runkel, Lederer. Il se porta de Dijon, sur Chalon et Mâcon, par la rive droite de la Saône, couverte par la division Scheither, qui occupait Chalon.

La division Hardegg, détachée sur la rive gauche, vers Louhans, devait servir de liaison avec la colonne du centre.

Le deuxième corps, colonne du centre, était formé de la division Wimpffen et se portait d'Auxonne sur le Doubs.

Le troisième corps, colonne de gauche, se composait, sous les ordres directs du prince héritier, des réserves qu'il amenait avec lui, mais qui étaient encore à Beaume-les-Dames, et de toutes les troupes que le prince Aloïs de Lichtenstein avait pu distraire du blocus de Besançon.

Le 4 mars, le général Gudin, qui formait avec sa brigade les avant-postes du maréchal, culbutait à Poligny le colonel Wieland, chargé par le prince de Lichtenstein d'observer nos mouvements.

Mais Bianchi continuait sa marche sur Chalon, obéissant aux prescriptions de Schwarzenberg, qui craignait qu'Augereau ne tentât, par une brusque offensive sur Besançon, de couper en deux l'armée du Sud. Le 5, le maréchal, renseigné sur les mouvements du premier corps autrichien, informé de l'approche des réserves ennemies par des courriers envoyés à Bubna et Lichtenstein, qu'il avait pu intercepter, prévenu que des partis ennemis avaient franchi la Saône à Tournus et menaçaient son flanc gauche, changeait de plan une fois encore, renonçait à son expédition en Franche-Comté et se décidait à concentrer, à Lons-le-Saunier, les deux divisions et toute la cavalerie dont il disposait, pour marcher immédiatement contre Bianchi.

Il semble que le maréchal eût dû chercher alors à gagner la Saône le plus rapidement possible, pour la fran-

chir à Tournus ou Mâcon, ou, si l'ennemi était maître
déjà de ces deux villes, pour foncer avec toutes ses forces
dans son flanc gauche, forcer le passage sur l'un de ces
points, couper sa colonne en deux ou opérer sur ses derrières. La dispersion des troupes autrichiennes de
Beaume-les-Dames à Mâcon était éminemment propice à
cette manœuvre, que favorisait singulièrement aussi le
soulèvement des populations du Charollais.

Ce n'était que dans le cas où l'ennemi, maître de Mâcon,
eût déjà pris une très grande avance, que le maréchal eût
dû se résoudre à se replier directement sur Lyon, par
Bourg et Meximieux, sans qu'il soit pourtant défendu de
croire que dans ces circonstances même un mouvement
énergique et heureux contre Tournus ou Mâcon n'eût
pas donné de très bons résultats, obligé l'adversaire à
faire halte ou à rétrograder.

Ce fut cependant à la retraite directe sur Lyon, la plus
funeste des résolutions dans les circonstances présentes,
que se décida le maréchal, inquiet, sans doute, de savoir
Hardegg et Wimpffen à proximité, vers Louhans et Arbois, et craignant aussi pour la sûreté de Lyon, que
défendait seulement le général Rémond avec ses gardes
nationaux.

Le 6 au matin, l'armée française quittait Lons-le-Saunier et, le 7 au soir, atteignait Bourg sans avoir été in-
quiétée par l'ennemi.

De Bourg, Augereau pouvait encore se porter sur
Mâcon et en chasser la faible brigade du général Scheither, qui y rentrait ce même jour. Mais la présence des
troupes autrichiennes à Mâcon lui avait été signalée dès
son arrivée à Bourg. Il ne jugeait pas nécessaire de faire
reconnaître cet adversaire, il ne prit même pas la précaution de faire vérifier le renseignement qui lui était
transmis et, s'entêtant dans son idée fixe de défendre
Lyon, à Lyon même, il se hâtait vers Meximieux, don-

nant l'ordre aux généraux Pouchelon et Bardet, qui devaient primitivement le rejoindre à Bourg, de se diriger directement sur Pont-d'Ain et faisait prendre position au général Rémond, avec tout ce qu'il avait de troupes disponibles, en avant de la ville, au faubourg de Vaise.

Le 0, pendant que le général Bardet, qui n'avait pas reçu le contre-ordre du maréchal arrivait à Bourg, et que le général Pouchelon s'établissait à Pont-d'Ain, Augereau rentrait à Lyon et, débouchant aussitôt sur la rive droite de la Saône, s'engageait sur la route de Mâcon, précédé par les gardes nationaux du général Rémond, qui occupaient Villefranche.

L'ennemi, pendant ce temps, avait continué sa marche en avant.

Le 4, le 1er corps conservait ses positions sur la rive droite de la Saône, attendant l'entrée en ligne des réserves qui atteignaient Beaume-les-Dames. La division Hardegg seule était poussée sur la rive gauche et son avant-garde occupait Louhans.

Wimpffen se portait de Dôle sur la route de Poligny à Arbois. Le 5, pendant que les réserves du prince héritier se dirigeaient en deux colonnes sur Dôle et Lons-le-Saunier, Bianchi massait ses trois divisions autour de Chalon et occupait le pont de Tournus avec son avant-garde (Scheither). La division Wimpffen s'avançait jusqu'à Villiers-Robert.

Les 6 et 7, les troupes autrichiennes conservaient une immobilité dont Augereau, qui quittait Lons-le-Saunier le 6, ne savait pas profiter pour gagner rapidement la Saône. Le prince héritier de Hesse-Hombourg organisait son armée qui s'élevait à cette date à 43.000 hommes environ (02 bataillons, 74 escadrons, 13 batteries), mais que des renforts successifs devaient porter à 99 bataillons et 120 escadrons.

Le 8 mars, Wimpffen entrait à Lons-le-Saunier, et

Bianchi, renseigné sur la marche d'Augereau, poussait son avant-garde de Mâcon à Saint-Symphorien-d'Ancelles. Surpris à Crèches, les avant-postes autrichiens étaient repoussés sur Mâcon.

Le 9, Bianchi s'avançait de Chalon sur Mâcon et détachait la division Wied-Runkel dans le Charollais, pour réprimer le soulèvement des paysans ; l'avant-garde de Wimpffen atteignait Bourg, d'où elle était repoussée par le général Bardet; et les réserves autrichiennes s'arrêtaient à hauteur de Seurre.

Le 10 mars, Augereau, ignorant complètement ce qui se passait du côté ennemi et croyant Mâcon occupé par 1.500 à 1.800 hommes seulement, porta Musnier sur Villefranche pour continuer le lendemain sur Mâcon. Le général Bardet, venant de Bourg, devait coopérer à l'attaque de cette ville. La division Pannetier et la cavalerie restaient à Lyon.

Pendant ce temps, Bianchi occupait Mâcon avec le gros du Iᵉʳ corps, Wimpffen poussant jusqu'à Saint-Amour, et le comte Hardegg, arrêté et battu devant Bourg à Fleyriat, par le général Bardet, se repliait sur Montrevel.

Le 11, Musnier surprenait au sud de Belleville-sur-Saône les avant-postes autrichiens, et bousculait, sabrait la cavalerie de Scheither qui, blessé lui-même, était obligé de se sauver à pied, et rejetait sur la route de Mâcon l'avant-garde ennemie.

Renforcés par deux bataillons, les Autrichiens pouvaient se maintenir jusqu'à 2 heures du soir à Varennes, contre l'avant-garde française. L'arrivée du gros de la colonne française les obligeait à se replier sur Mâcon, où Bianchi avait rangé toutes ses troupes en bataille.

Musnier, sans tenir compte des renseignements qui le prévenaient qu'il avait devant lui tout le corps de Bianchi, sans réfléchir que la diversion prescrite au général

Bardet, ne s'étant pas encore manifestée, avait dû être empêchée par l'ennemi, se portait à l'attaque de Mâcon.

Après quelques succès partiels, débordé sur sa gauche par les Autrichiens, il était contraint à la retraite et reculait jusqu'à la Maison-Blanche, poursuivi par la cavalerie ennemie.

Il avait perdu 600 à 700 hommes et deux canons.

Le 12, Bianchi, qui se croyait peut-être trop faible pour continuer l'offensive avec ses seules forces, et qui était en même temps lié par les ordres du généralissime et du prince héritier, restait immobile à Mâcon. Wimpffen s'arrêtait à 10 kilomètres au nord de Bourg et les réserves autrichiennes atteignirent Saint-Trivier-de-Courtes.

Augereau profitait de ce temps d'arrêt pour remplacer aux avant-postes la division Musnier par la division Pannetier, prenait position à Saint-Georges-de-Reneins, et Bardet, abandonnant Bourg aux Autrichiens, se repliait sur Chalamont.

La journée du 13 se passa sans incidents.

Dans un conseil de guerre tenu à Saint-Trivier, le prince héritier de Hesse-Hombourg décidait que les réserves autrichiennes passeraient sur la rive droite de la Saône et iraient se joindre au corps de Bianchi. La division Hardegg et la brigade du prince de Cobourg resteraient seules sur la rive gauche, pour marcher, la première, sur Meximieux et Monthuel, la deuxième, sur Thoissey et Lyon, en suivant la rive gauche de la Saône.

Le 15 et le 16, l'armée du Sud se concentrait sur la rive droite de la Saône. Le prince héritier avait ainsi réuni un effectif de 47.000 hommes, plus de 5.000 chevaux et 112 canons, contre un adversaire qui ne pouvait disposer que de 20.000 hommes, à peine 2.000 chevaux et 24 canons.

Augereau restait immobile, Bardet était encore à Meximieux.

Le 17, l'avant-garde autrichienne repoussait nos avant-postes de leurs positions de Belleville ; Bardet se retirait sur Miribel.

Le 18, l'armée autrichienne se portait à l'attaque des positions françaises, vers Saint-Georges-de-Reneins. Écrasées par le nombre, nos troupes, après une vigou-reuse résistance, se repliaient sur la position de Limonest, en avant de Lyon.

Le 19 se passa, de part et d'autre, en préparatifs pour la bataille, qui s'engagea le lendemain.

La position occupée par les Français, très forte sur le front pouvait être facilement tournée. Jusqu'à midi, pourtant, nos troupes, renforcées par la brigade Beur-mann, des troupes d'Espagne, conservèrent leurs posi-tions. Mais le maréchal choisit ce moment pour revenir à Lyon conférer avec les autorités civiles, et, sans même déléguer le commandement à l'un de ses lieutenants, quitta le champ de bataille. La défense se poursuivit sans liai-son ni ensemble. Les contre-attaques exécutées sur diffé-rents points ne furent pas soutenues et restèrent sans résultats. Quand le maréchal rejoignit ses troupes à 5 heu-res du soir, la bataille était perdue. Les divisions Mus-nier et Pannetier étaient en pleine retraite aux portes mêmes de la ville. « Je me portai, écrit Augereau au Mi-nistre, sur ce point où tout était en désordre et je pris des dispositions, hélas trop tardives ! »

Naïveté ou inconscience ?

L'armée se replia sur Lyon, l'ennemi s'arrêta aux por-tes mêmes de la ville.

Réunissant encore la municipalité, Augereau lui de-manda « s'il fallait défendre la ville ». La réponse à une telle question, dans de telles circonstances, n'était pas douteuse. Se rendant aux désirs du maire, qui demanda d'épargner aux Lyonnais les calamités d'une résistance inutile, et tout disposé d'ailleurs à se laisser convaincre, Augereau donna l'ordre d'évacuer la place.

Il perdait ainsi la dernière occasion de se faire pardonner, par l'énergie de sa conduite, les fautes commises jusqu'alors.

Car Lyon devait être défendu. Le maréchal n'avait point pour cela à prendre l'avis des autorités civiles. Et la disproportion des forces n'était pas telle que la résistance fût impossible.

Affaibli par tous les détachements qu'il avait fournis, l'ennemi ne pouvait guère lui opposer plus de 32.000 hommes (1).

Augereau, quoiqu'il en dise, avait encore près de 20.000 hommes. En outre, 6.800 fantassins amenés en poste de Perpignan et 7.000 soldats des armées d'Italie (2) devaient arriver à Lyon du 22 au 27 mars. Il devait donc, en peu de jours, réunir presque 35.000 hommes, ce qui eût été largement suffisant pour arrêter l'ennemi. La population lyonnaise, impuissante à se battre, car les armes manquaient, eût subi sans se plaindre les privations et les fatigues d'un siège.

Si la ville, d'ailleurs, à cette heure critique, était sans défense et sans canons, la faute n'en était encore imputable qu'à Augereau seul. Car, depuis deux mois qu'il

---

(1) A la date du 9 mars, l'armée du Sud comptait 46.000 hommes environ. Si, de ces 46.000 hommes, on défalque les 12.700 hommes de Bubna manœuvrant autour de Genève, quelques petits détachements du prince Aloïs Lichtenstein et 3.500 hommes tués, blessés ou prisonniers dans les combats de Poligny, Mâcon, Saint-Georges, Limonest, etc., c'est bien à peine 32.000 hommes qu'il restait à l'ennemi devant Lyon.

(2) Divisions Musnier, 5.740 hommes ; Pannetier, 4.855 hommes ; Digeon, 1.644 hommes ; Bardet, 4.249 hommes ; gardes nationales, 4.154 hommes ; artillerie, 883 hommes ; total : 21.535 hommes. A défalquer, pour les pertes du 10 au 20 mars, 1.661 hommes et à ajouter 1.650 hommes, tête de colonne de la division Beurmann, qui arriva à Lyon le 19. Total : 21.524 hommes.

exerçait le commandement de l'armée de Lyon, il avait omis de faire venir d'Avignon un parc de 80 bouches à feu destinées à la défense de la place, et il ne pensa pas davantage qu'il pouvait, à Lyon, trouver 100.000 bras pour élever des retranchements.

L'évacuation se fit dans la nuit, et le lendemain les Autrichiens occupaient Lyon.

Heureusement pour nos troupes, l'ennemi ne sut pas profiter de sa victoire. Sa cavalerie poursuivit la division Bardet dans sa retraite, jusqu'à mi-chemin entre Lyon et Vienne et s'arrêta. Le prince héritier de Hesse-Hombourg, resté à Lyon avec le gros de ses forces, mandait à Schwarzenberg : « Que l'ennemi se retirait vivement sur Vienne, qu'il porterait le comte Hardegg sur Chambéry par la route de Bourgoin, et qu'il avait fait partir immédiatement des renforts dans la direction de Nantua, afin de dégager le comte Bubna et de se mettre en communication avec lui. »

Non content d'agir sans but et sans plan arrêté, avec une lenteur criminelle, non content de commettre fautes sur fautes, Augereau poussait la désinvolture jusqu'à ne plus informer l'Empereur de ce qu'il faisait : « Je suis sans nouvelles de vous depuis le 12, lui écrivait Clarke le 21, et je suis peiné de n'avoir aucun compte à rendre à Sa Majesté de la suite des importantes opérations dont vous êtes chargé. »

Du 12 au 18, Augereau n'avait pas daigné donner signe de vie et l'Empereur ignorait complètement son échec de Saint-Georges et sa retraite sur Lyon. Ce silence devait être fatal à Napoléon. Car on est autorisé à croire que s'il avait été instruit de ces mouvements, l'Empereur, ne comptant plus sur la diversion qu'il attendait du côté de Chalon, ne se fût peut-être pas décidé à la manœuvre désespérée qu'il tenta sur le flanc gauche de l'armée des alliés, qu'il n'eût pas livré la bataille

d'Arcis et ne se fût point ensuite dirigé sur Vitry et Saint-
Dizier pour se jeter sur les derrières de Schwarzenberg
en lui abandonnant la route de Paris.

Les lenteurs d'Augereau et son indiscipline, en pri-
vant l'Empereur du point d'appui sur lequel il comptait,
avaient rendu inutiles ses savantes combinaisons et ses
plus belles victoires.

Grâce à la mollesse de la poursuite, les Français purent
effectuer sans encombre leur retraite sur Valence. Sans
s'arrêter nulle part, sans chercher à ralentir en quoi que
ce fût la marche de l'ennemi, préoccupé de lui échapper
avant tout, se désintéressant complètement de ce qui
pouvait se passer en Savoie et de ce qu'il pouvait ad-
venir des troupes de Marchand, Augereau recula d'une
marche uniforme jusqu'à l'Isère. Le 24, le gros de ses
troupes s'était replié sur la rive gauche de cette rivière,
et, le 28, il ne restait plus sur la rive droite, à Romans,
qu'une arrière-garde chargée de brûler en se retirant
la passerelle en bois établie pour remplacer l'ancien pont
en pierre qu'on avait fait sauter.

Les troupes que le général Beurmann avaient amenées
d'Espagne venaient d'être rappelées. Cette mesure n'était
point faite pour rendre au maréchal la confiance qui
lui manquait. Une seule chose d'ailleurs paraissait en ce
moment l'intéresser : le projet qu'il prêtait aux Autrichiens de vouloir s'unir à Wellington, et cette intention
qu'il supposait à l'ennemi lui suscitait l'idée d'essaimer
toutes ses divisions de Valence à Pont-Saint-Esprit, pour
pouvoir à volonté se porter soit sur le Dauphiné, soit
sur la rive droite du Rhône !

N'était-ce point plutôt un simple prétexte pour continuer sa retraite et s'efforcer d'échapper aux troupes du
prince héritier ?

Quoi qu'il en soit, pendant que les Autrichiens se concentraient sur leur gauche pour marcher contre Grenoble,

mouvements qui lui furent signalés en partie tout au
moins, Augereau maintint ses troupes autour de Valence.
Le 27, même, il donnait au général Rémond l'ordre de
partir pour Pont-Saint-Esprit, où il devait arriver le 29,
et « d'y organiser une tête de pont et de placer un
ou deux bataillons au Bourg-Saint-Andéol, pour observer ce qui pouvait venir du Vivarais ».

Toujours la crainte de voir les Anglais apparaître sur
la rive gauche du Rhône ! Augereau tenait si fortement
à son idée que, même après avoir reçu une lettre de
Clarke, lui rappelant que « l'intention de l'Empereur, en
rassemblant un corps d'armée à Lyon, avait été de couvrir le Midi de la France et que ce serait agir en sens
contraire, si, non content d'avoir abandonné Lyon, il
voulait encore se retirer jusqu'à Pont-Saint-Esprit, qu'il
ne fallait céder le terrain que pied à pied », il répondait
encore : « Je tiens toujours la ligne de l'Isère et je défendrai pied à pied le terrain, mais j'ai toujours l'opinion
que l'ennemi a des projets sur le Midi de la France et
que son plan se lie avec celui de Wellington. »

Décidément, le duc de Castiglione avait l'esprit tenace !
Nous n'étions pas les seuls heureusement à commettre
des fautes. Au lieu de profiter de sa victoire de Limonest
et de sa supériorité numérique, le prince héritier se
laissait intimider par les agissements des populations qui
se soulevaient de tous côtés et menaçaient ses communications, et il témoignait, pour le corps de Bubna, d'une
inquiétude exagérée et que n'expliquaient pas les circonstances. Il s'immobilisait d'abord à Lyon, puis entamait
sans conviction une poursuite d'une lenteur inadmissible
et disséminait ses forces en d'innombrables petits détachements : Cobourg vers Saint-Etienne, Wimpffen de Feyzin
sur Rives, Hardegg sur Bourgoin et Grenoble, colonnes
volantes dans le Charollais.

Le 28 mars, seulement, l'avant-garde autrichienne atteignait la rive droite de l'Isère vers Romans. Mais, complètement disséminée de Conflans à Saint-Etienne, de l'Isère à Mâcon, l'armée du Sud était dans l'impossibilité absolue de tenter quelque chose de sérieux contre les troupes françaises.

Devant l'inaction d'Augereau, qui s'obstinait à rester sur la défensive passive, le prince héritier se décida pourtant à concentrer toutes ses forces disponibles pour agir à la fois sur les deux extrémités de la ligne française à Valence et à Grenoble.

D'après ces nouvelles dispositions, le prince Philippe de Hesse-Hombourg devait se porter sur Rives pour renforcer la division Wimpffen et prendre la place de Hardegg, envoyé à Saint-Etienne au secours de Cobourg; Bianchi, avec le premier corps, moins la division Wied-Runkel, laissée à la garde de Lyon, serrait sur la division de tête et se portait vers Romans et Valence.

Le 2 avril, Bianchi abordait l'Isère et chassait la brigade Estève de Romans, où elle avait fait une opiniâtre résistance.

La prise de Romans marqua la fin des opérations actives sur la basse Isère.

De part et d'autre on se contenta de s'observer. Le maréchal paraissait se désintéresser de plus en plus de la mission qui lui avait été confiée. Le 7 avril, quoique parfaitement renseigné sur les mouvements des Autrichiens, qui se concentraient en avant de Grenoble, il ne sut prendre aucune mesure pour secourir le colonel de Cubières et le général Marchand.

Le 10 avril, ignorant encore la cessation des hostilités, il écrivait à Marchand pour l'autoriser à évacuer cette ville, dans le cas où il y serait forcé !

Le 12 avril, il signait, à Valence, les conditions de la suspension d'armes.

Fin des opérations en Savoie et en Dauphiné du 3 mars au 15 avril.

Nous en sommes resté, dans notre récit des opérations en Savoie, au moment où le général Marchand, arrivé sous les murs de Genève, recevait l'ordre du maréchal Augereau de lui renvoyer la division Bardet et la brigade Pouchelon, pendant que le général Musnier, parvenu à Saint-Cergues, rebroussait chemin pour se porter sur Lons-le-Saunier.

La décision du maréchal produisit sur le général Marchand un effet de stupéfaction et de désespoir bien facile à comprendre.

Le 2 mars, le général Dessaix avait occupé Saint-Julien abandonné par l'ennemi.

Le 3, les Autrichiens se retiraient sur Genève en faisant sauter les ponts de l'Arve. Nos troupes entraient à Carouge, les généraux Dessaix et Serrant y faisaient leur jonction, et le général Bubna, sommé de se rendre, avait fait répondre par l'intermédiaire d'un notable de la ville, le sieur Fabry, qu'il livrerait la place dans deux jours, s'il n'était pas secouru.

Si le mouvement prescrit par Augereau eût été exécuté seulement vingt-quatre heures plus tard, nul doute que Bubna n'eût évacué Genève pour se retirer sur le pays de Vaud. La population genevoise, divisée d'intérêts autant que d'opinions, était peu disposée à supporter les hasards et les risques d'un assaut, les membres du gouvernement provisoire installé par les Autrichiens avaient déjà donné leur démission ; l'ancienne municipalité allait rentrer en fonctions et Bubna faisait évacuer sur la rive nord du lac, dans des barques, tous les malades autrichiens de l'hôpital.

Mais, dès qu'il fut renseigné sur les nouvelles dispositions prises par le maréchal, il rompit les négociations, suspendit l'évacuation commencée, se fortifia dans Genève et résolut de s'y défendre en attendant le moment de reprendre l'offensive.

Le 5 mars, le général Marchand rendait compte, à M. de Saint-Vallier, des ordres que le maréchal lui avait signifiés :

« ... J'ai l'honneur de vous adresser, lui mande-t-il, une lettre que le maréchal Augereau vous écrit ; je pense qu'il vous fait part que la colonne du général Musnier, qui se dirigeait sur Nyon, n'ayant pas pu traverser le Jura à cause des neiges (1), il a rappelé à lui ses troupes. C'est un événement bien malheureux pour nous, parce que je suis sûr qu'à l'arrivée du général Musnier, Genève aurait été évacué, d'après ce que nous a dit hier M. Fabry, que nous avons vu à Carouge. Mais ce général n'arrivant point, il est probable que M. de Bubna ne voudra point évacuer la ville de sitôt.

» M. le maréchal m'annonce également qu'il donne l'ordre aux troupes des généraux Bardet et Pouchelon d'aller le rejoindre à Lons-le-Saunier. Dès lors, nous allons être réduits à nos propres forces. Et nous ne sommes pas en état de nous maintenir contre le général de Bubna, qui a des forces presque doubles des nôtres. D'un autre côté, le prince Camille a donné ordre aux bataillons qu'il nous avait prêtés de partir de suite pour retourner au mont Cenis. Il me semble que tout le monde se donne le mot pour nous abandonner et nous laisser dans une mauvaise position. »

_____

(1) L'excuse que le maréchal donne ici de sa conduite est mauvaise. Nous avons vu en effet que le général Musnier, grâce au concours des populations, avait pu, le 2 mars, franchir le passage des Rousses malgré la neige, et que le général Ordonneau avait occupé Saint-Cergues.

En informant M. de Saint-Vallier des nouvelles mesures qu'il venait de prendre, le maréchal lui avait annoncé, il est vrai, l'arrivée prochaine d'une colonne de renforts venant d'Italie.

« ... L'Empereur vient de m'écrire lui-même qu'il avait donné l'ordre au prince Borghèse de m'envoyer 6.000 à 8.000 hommes, et le vice-roi m'annonce qu'il a dirigé par le mont Cenis un bataillon de 800 hommes ; ainsi vous voyez, Monsieur le Comte, que vous serez à l'abri de toute inquiétude. »

Ces troupes devaient se composer de la brigade Ponchin, venant de Toscane, et de la division Vedel, de l'armée d'Italie.

Mais Marchand ne comptait guère sur ces renforts : on lui avait tant de fois déjà fait des promesses que l'on n'avait jamais tenues. Et comprenant bien que le départ des généraux Bardet et Pouchelon compromettait à tout jamais la prise de Genève, il écrivit au général Bardet pour lui demander de suspendre son départ de quelques jours ; même, il prit sur lui d'arrêter les instructions destinées au général Pouchelon. « ... Il est bien malheureux, écrivait, le 7 mars, le général Marchand au maréchal Augereau, que le général Bardet nous quitte pour aller vous rejoindre. Je suis convaincu qu'au bout de trois jours d'attaque de son côté Genève aurait été obligée de se rendre. J'espère que Votre Excellence ne me désapprouvera pas de garder le général Pouchelon jusqu'à l'arrivée des renforts venant par le mont Cenis. Si, après le départ du général Bardet, le général Pouchelon nous quittait, nous risquerions d'être rechassés sur Chambéry... »

Mais les ordres du maréchal étaient formels, il les réitéra au général Marchand, lui prescrivant itérativement de lui renvoyer le général Pouchelon.

« ... J'ai fait tout mon possible pour retenir le général Pouchelon, écrit Marchand à M. de Saint-Vallier, je lui ai envoyé un ordre par lequel je me chargeai de toute responsabilité ; mais il n'a rien voulu entendre... »

C'étaient 1.100 hommes de bonnes troupes dont on diminuait ainsi ses forces. Déjà, le 2 mars, le bataillon du mont Cenis, qui avait si largement contribué à nos derniers succès, avait été rappelé par le prince Camille et, sur-le-champ, avait quitté l'armée. Cependant, nos troupes occupaient toujours Carouge.

Marchand ne disposait plus que de 5.000 hommes environ (1).

Il pouvait dès lors prévoir qu'il serait bientôt contraint à la retraite. Sa position à Carouge était très étendue et se prêtait mal à la défense. Il se prépara à se

---

(1) État des forces de la division de Grenoble à la date du 15 mars 1814 :

	Hommes.		Officiers.
3e bataillon du 8e léger.	274	dont	14
1er — du 18e léger.	636	—	18
3e — du 1er de ligne.	598	—	18
4e — du 5e —	774	—	18
4e — du 11e —	722	—	19
3e — du 23e —	376	—	16
7e — du 60e —	294	—	4
7e — du 79e —	252	—	14
7e — du 81e —	374	—	13
Garnison du mont Cenis.	506	—	n
Douaniers.	206	—	66
Corps francs.	291	—	11

			Chevaux.
4e chasseurs à cheval. . . . . }	66	—	6 et 57
35e — — . . . . }			
Artillerie à pied.	24	—	1 et 22
Gendarmerie	94	—	4 et 26
Présents sous les armes.	5.387	—	222 · 105
Aux hôpitaux.	413		

| Effectifs, officiers et soldats. . . . . | 5.800 | | |

replier sur Frangy. Il demanda à M. de Saint-Vallier de faire constituer dans cette localité un approvisionnement considérable de munitions : « ... Car c'est en avant de ce village, lui écrit-il, que se trouve la seule bonne position dans laquelle nous puissions nous maintenir, si l'ennemi, nous voyant si affaibli, prend l'offensive. »

La chose n'était pas encore à craindre. Avant de songer à reprendre l'offensive, Bubna attendait à Genève d'avoir pu se relier à l'armée du prince de Hesse-Hombourg et d'avoir été renforcé par une colonne autrichienne venant de Nantua.

La grosse difficulté était d'assurer le ravitaillement de l'armée. On réquisitionnait de toutes parts : farines, viandes sur pied, foin, paille, avoine, chevaux de trait pour atteler les pièces. Mais les réquisitions devenaient difficiles dans un pays qui, depuis deux mois, supportait toutes les charges de la guerre.

Les munitions surtout faisaient défaut et, le 3 mars, le général Marchand écrivait déjà à M. de Saint-Vallier :

« Je vous dirai, pour vous seul, que si nos troupes qui sont devant Carouge ne prennent pas Genève, c'est faute de munitions. Prenez donc dans la vallée de l'Isère tous les moyens de transport pour nous envoyer jour et nuit des cartouches et des gargousses. C'est la dernière réquisition que notre département aura à fournir pour la guerre. Nos troupes n'ont de cartouches que pour une heure de combat... »

Partout les administrations civiles, sous la direction du commissaire des guerres Herpin, déployèrent la plus grande activité, sans réussir toujours à pouvoir fournir aux troupes même le strict nécessaire.

Comme Marchand l'avait prévu, les renforts promis, malheureusement, n'arrivaient pas.

La division Vedel, venue de Turin, allait franchir le

Mont-Cenis, et constitué en cinq colonnes, devait partir de Lanslebourg les 10, 14, 15 et 16 mars, pour arriver à Chambéry du 19 au 25. Elle mettait ainsi neuf jours à parcourir une distance n'excédant pas 125 kilomètres. Dans les circonstances présentes, c'était vraiment trop de temps perdu. Sur les sollicitations pressantes du général Marchand, le préfet put leur faire gagner quatre jours et rendre compte à M. de Saint-Vallier que les quatre premiers détachements arriveraient à Frangy du 18 au 22. Le cinquième y parviendrait du 26 au 28.

Mais, profitant de l'immobilité que nous imposait notre faiblesse, Bubna faisait occuper Bonneville par le major von Blankenstein et cantonnait sa cavalerie à Bernex. En même temps, le général Klébelsberg était chargé de surveiller le Jura, d'occuper et de pacifier le pays de Gex. Des patrouilles autrichiennes s'avancèrent même jusqu'au pont de Brogny, que le général Marchand dut faire garder par trois compagnies pour protéger Annecy des incursions de la cavalerie ennemie.

Le détachement français qui occupait Farges avait dû se replier sur Fort-l'Ecluse. Rien ne s'opposait donc plus au rétablissement des communications entre Bubna et l'armée du Sud. Le 13 mars, c'était chose faite, un détachement ennemi venait occuper Pont-d'Ain et interceptait la route de Genève à Lyon.

Ne pouvant plus compter sur l'intervention d'Augereau, Marchand prit aussitôt ses dispositions pour couvrir sa gauche et assurer son mouvement de retraite. Le poste du pont de Brogny vint prendre la place de celui de Frangy, qui, fort de quatre compagnies, se porta à Seyssel avec mission de détruire le pont, si les Autrichiens, débouchant de Nantua, essayaient de le franchir. Une reconnaissance de six compagnies fut envoyée au pont de Lucey, pont en pierre qui franchit le Rhône en amont de Bellegarde ; quatre de ces compagnies furent détachées vers

Châtillon-de-Michaille, pour surveiller la route de Nantua, les deux autres restèrent à la garde du pont, qui avait été miné. Affaibli par tous les détachements qu'il avait fournis à Frangy, Seyssel et Bellegarde, Marchand laissait à Carouge, en face de Bubna, 4.000 hommes à peine, sous le commandement de Dessaix.

En estimant qu'il n'avait plus à compter sur les secours du maréchal, Marchand ne s'était pas trompé. Car, le même jour, Augereau le prévenait : « ... Qu'en raison de la gravité de sa propre situation, il lui était impossible de lui envoyer des renforts et que, s'il était obligé de quitter sa position avant l'arrivée de la division Vedel, il devait faire sa retraite sur Chambéry, en ayant soin de ne pas s'en laisser couper par Annecy. »

Nos troupes ayant évacué Bourg et l'ennemi ayant occupé Pont-d'Ain, la position du général Marchand devenait, en effet, dangereuse.

Son flanc gauche était complètement découvert et les Autrichiens pouvaient le couper de sa ligne de retraite sur Rumilly, soit par Nantua et le pont de Bellegarde, soit par la vallée de l'Albarine, Virieu-le-Grand et Culoz, d'où une très belle route les amenait à Seyssel.

Un léger incident vint ranimer un peu l'ardeur de nos soldats, lassés de ces longues journées passées dans l'attente, énervés par l'inaction et que commençaient à irriter la pauvreté des ressources en nourriture et l'irrégularité des ravitaillements.

Le 16 mars, une reconnaissance composée de 50 chasseurs à cheval, sous les ordres du chef d'escadron Dubois, et soutenue par une compagnie de voltigeurs, s'était avancée vers La Roche. Elle surprit dans cette localité un convoi de blé et d'avoine qu'elle enleva. Puis, continuant sur la route de Bonneville, elle se heurta à l'entrée de cette ville aux vedettes autrichiennes. Traversant Bonneville au galop, nos chasseurs tombèrent à la sortie de la ville sur une compagnie autrichienne, la chargèrent, la culbutèrent et lui firent 19 prisonniers.

Le 18, le général Bubna, sortant de son immobilité, dirigeait, sous les ordres du général Klébelsberg, un détachement contre Fort-l'Ecluse.

Le 19, Klébelsberg sommait le fort de se rendre. Quoique n'ayant avec lui 'qu'une centaine d'hommes, dont deux canonniers seulement, le capitaine Bonnet, qui commandait, s'y refusa énergiquement. L'ennemi commença aussitôt le bombardement de la place pendant que son infanterie cherchait à s'emparer des hauteurs. Elle y réussit en partie. Mais une compagnie française venue de Bellegarde, activement secondée par les habitants, parvint à chasser les Autrichiens des positions qu'ils avaient conquises et à repousser leurs attaques. Le lendemain, le général Klébelsberg renouvela sa tentative de la veille. Mais, surpris par les feux d'une batterie de deux pièces que Dessaix avait fait établir pendant la nuit sur la rive gauche du Rhône, au-dessus de Chevrier, et qui enfilait la grande route, les Autrichiens ne purent aborder le fort. Après une canonnade de trois heures, Klébelsberg se repliait sur Genève.

Après avoir courageusement participé à la défense du fort, les paysans s'attachèrent à la poursuite de l'ennemi, le harcelèrent jusqu'au Péron et lui firent perdre encore une centaine d'hommes.

Quelques petits succès de ce genre tenaient en haleine l'ardeur de nos troupes et en imposaient à l'ennemi.

Le soulèvement des populations de la région, malgré la retraite des troupes françaises, était d'ailleurs général.

Les gardes nationaux de Saint-Rambert et de Belley eurent, le 18 mars, plusieurs engagements avec la cavalerie ennemie.

Le même jour, une colonne autrichienne de 1.500 fantassins et 650 cavaliers, se rendant de Nantua par la Cluse à Saint-Claude, avait été arrêtée à Maillat par une bande de 400 paysans armés. Pour se venger de la résistance, elle brûla le village.

Quelques jours plus tard, une autre colonne, sous les ordres du capitaine Schell, envoyée de Bourg sur Bellegarde par Nantua et Châtillon-de-Michaille, ne put franchir la Cluse étroite aux flancs de laquelle a été taillée la route qui mène de Nantua à Bellegarde.

Harcelée à chaque pas par des paysans armés contre qui elle était impuissante, elle dut faire demi-tour après avoir été fort maltraitée.

Marchand s'était efforcé de seconder ces bonnes dispositions des populations, et, le 21 mars encore, il faisait sortir de l'Écluse une petite colonne qui poussait jusqu'à Saint-Jean de Gonville, sur la route de Gex.

Mais, le 20 mars, Augereau avait été battu à Limonest et dans la nuit évacuait Lyon.

Le 22, le colonel Leiningen occupait Nantua. La liaison entre les troupes de Bubna et l'armée du Sud était désormais assurée.

Le général Marchand ne pouvait plus songer à se maintenir devant Genève, et ce même jour, il écrivait au baron Fourier.

« ... Votre lettre, que je viens de recevoir, mon cher préfet, celle de M. le sénateur et la fâcheuse nouvelle de l'évacuation de Lyon, ainsi que la retraite de M. le maréchal sur Vienne, me forcent à songer à la retraite. Il m'en coûte beaucoup d'abandonner de braves habitants qui ont montré autant de dévouement ; mais je ne puis tarder à me rapprocher de l'armée de M. le maréchal. Je viens d'ordonner la retraite sur Chambéry et l'Isère.

Veuillez prendre des mesures pour que nous trouvions partout des vivres, du fourrage et des transports.

» P.-S. — Prenez vos mesures pour l'évacuation des caisses et des objets importants qu'il faut ôter à l'ennemi... »

La défaite d'Augereau annihilait tous les efforts. La retraite s'imposait, si on ne voulait courir les risques de se voir enfermé dans la vallée de l'Arve par les troupes que le prince héritier de Hesse-Hombourg dirigeait, le 22 mars, sur Grenoble, par la route de Bourgoin et La Tour-du-Pin, sous les ordres du comte Hardegg.

Dans la nuit du 21 au 22, Marchand retirait toutes ses troupes derrière l'Arve et rappelait la reconnaissance qu'il avait poussée vers Gex.

Dans la journée du 22, il évacuait Fort-l'Ecluse et détruisait le pont de Seyssel.

Le même soir, il donnait l'ordre définitif de la retraite.

« ... Il n'y a plus de temps à perdre, mon cher général, écrivait-il à Dessaix, l'ennemi est déjà à Brou, le maréchal se retire avec son armée du côté de Valence. Aussi, au reçu de ma dépêche, donne des ordres précis pour que toute la troupe se mette en marche dans la nuit sur deux colonnes pour se diriger sur Frangy et Annecy... »

Dessaix, pourtant, ne voulait pas se résigner à la retraite ; son ambition avait été d'être nommé gouverneur de Genève, et quand nos troupes victorieuses étaient venues camper sous les murs de la ville qui ne semblait pas devoir résister bien longtemps, il avait reçu de M. de Saint-Vallier et du Ministre de la guerre sa nomination à ce poste. Quelques jours plus tard, se refusant à brûler la ville qu'il voulait gouverner, il n'avait pas voulu céder aux ordres de M. de Saint-Vallier, qui lui prescrivait de la bombarder à boulets rouges. Il espérait en-core obliger Bubna à la retraite. Il demandait pour cela seulement 2.000 hommes de plus, et l'arrivée des troupes d'Italie lui promettait un renfort de 7.000 à 8.000 hom-mes. C'était plus qu'il n'exigeait ; même il pensait, après avoir pris Genève, pouvoir exécuter avec ces forces, sur les derrières de l'armée du prince héritier de Hesse-Hom-bourg, à travers le Jura, une diversion qui serait d'un puissant secours pour le maréchal Augereau. En atten-dant, il recrutait trois compagnies de volontaires et or-ganisait le premier corps franc du Léman, sous les ordres du chef de bataillon Roch.

La situation était donc loin de lui paraître désespérée. Aussi, quand il reçut l'ordre définitif de la retraite, décou-ragé, il prétexta ses fatigues et le mauvais état de ses blessures pour donner sa démission.

Laissant le commandement au général Serrant, il partit aussitôt pour Chambéry.

Ainsi que Marchand l'avait prescrit, la retraite s'ef-fectua en deux colonnes.

L'une, sous ses ordres directs, se retira par la route de Frangy sur Rumilly ; l'autre, sous les ordres de Ser-rant, se replia sur Annecy.

Grâce aux renforts qui lui étaient successivement par-venus, Bubna disposait alors de 17 bataillons, 26 esca-drons et 30 canons, soit un effectif d'environ 13.000 hom-mes.

Ne laissant à Genève que le feld-maréchal-lieutenant Greth, avec 3 bataillons, il se mit aussitôt à la poursuite des troupes françaises en retraite.

Une première colonne, sous les ordres des généraux Zechmeister et Klopfstein devait suivre le général Serrant.

Une deuxième colonne, commandée par le général Klé-belsberg, se portait sur Rumilly à la suite du général Marchand.

Enfin, une troisième colonne, formée de la brigade Luxem, descendait la rive droite du Rhône avec mission de jeter une garnison dans Fort-l'Ecluse, rétablir le pont de Seyssel, puis, repassant sur la rive gauche du fleuve, venir rejoindre et renforcer la colonne Klébelsberg.

Bien que complètement délaissés par le maréchal Augereau qui, tout entier à son idée de se retirer sur Pont-Saint-Esprit, ne les prévint même pas que la cavalerie autrichienne avait fait son apparition à La Tour-du-Pin et que des partis ennemis avaient dû être détachés pour leur couper la retraite, mais qui leur avait demandé, par contre, de lui envoyer la division Vedel dès son arrivée à Chambéry, les généraux Marchand et Serrant, détruisant les ponts de Seyssel et de Lucey, purent, sans trop de peine, effectuer leur retraite derrière le Fier.

Tous les détachements fournis par Marchand pendant les derniers jours du blocus de Genève l'avaient rejoint. Un seul, envoyé vers Saint-Rambert, pour surveiller la vallée de l'Albarine, avait reçu l'ordre de se retirer sur Pierre-Châtel.

Marchand avait pensé qu'il pourrait se maintenir quelque temps derrière la ligne du Fier. Mais la marche de la division Hardegg, qui se dirigeait sur Bourgoin, l'obligea à continuer sa marche rétrograde.

Le 23, son avant-garde quittait Rumilly et gagnait Aix-les-Bains, d'où elle repartait le 24 au matin pour se porter sur les Echelles. Le gros de la colonne devait suivre le lendemain et se joindre aux troupes du général Serrant à Albens, à la croisée des routes de Chambéry à Rumilly et Annecy. La faiblesse des effectifs n'avait pas permis à ce général de faire surveiller les défilés des Bauges qui conduisent dans la vallée de l'Isère entre Montmélian et Albertville et il risquait de trouver, à son arrivée à Montmélian, la place prise par les Autrichiens.

Pourtant, avant de quitter la terre de Savoie, nos soldats eurent la gloire d'infliger aux Autrichiens une dernière défaite.

Se trouvant serré de trop près par les colonnes ennemies, et pour se donner de l'air, Marchand prescrivit à Serrant de s'arrêter à l'est d'Alby, d'y prendre position et de rejeter la colonne Zechmeister sur Annecy, pendant que lui-même s'efforcerait de tomber dans le flanc droit de l'ennemi en débouchant de Rumilly.

À 3 heures du matin, Serrant prononçait son attaque, bousculait les avant-postes autrichiens et les rejetait sur la colonne principale qui, à son tour, reculait sur Annecy.

Arrivé devant Annecy, écrit le général Serrant au général Marchand, « j'y ai trouvé le baron de Zechmeister en position avec 4.000 hommes, 400 chevaux et 8 canons. Un combat sanglant s'est engagé. J'ai tourné les forces ennemies deux fois plus fortes que moi. L'ennemi a été culbuté. Je lui ai pris une centaine d'hommes. Il a rassemblé ses forces en dehors de la ville et a tenté plusieurs charges. La ville est très endommagée. L'ennemi a pris position derrière le pont de Brogny où je l'observe. Une forte colonne a été coupée, je travaille à la prendre. »

Il la prit en effet et, ce qu'il ne put prendre, il le noya. Les troupes françaises, traversant le Fier à gué avec de l'eau jusqu'à la ceinture, repoussèrent l'ennemi et le poursuivirent jusqu'au pont de la Caille.

Voici la lettre par laquelle Marchand annonçait à M. de Saint-Vallier ce dernier succès de ses troupes :

« Nous venons d'avoir un combat fort glorieux du côté d'Annecy, où j'avais ordonné qu'on reprît la position du pont du Brogny qui avait été évacuée, contre mon intention.

» Le général Serrant, avec 2.000 hommes et 3 pièces de canon, a été chargé de cette opération. Il a rencontré auprès d'Annecy l'ennemi rangé en bataille au nombre de 4.000 hommes d'infanterie, 400 chevaux et 8 pièces de canon. Le général Serrant n'a pas hésité à l'attaquer. Le combat a été opiniâtre et sanglant, mais la bravoure étant de notre côté, la victoire s'est déclarée pour nous. Nous sommes entrés dans la ville pêle-mêle avec l'ennemi, on s'y est battu pendant quelque temps, et plusieurs maisons ont été incendiées. L'ennemi a été poussé sur un pont où un grand nombre s'est noyé en voulant passer à gué. De là, il s'est rallié derrière le pont de Brogny, qu'il a barricadé et a placé ses 8 pièces de canon en batterie pour en défendre le passage. Cette position est réputée pour une des plus fortes de la Savoie.

» Nos braves conscrits ne se sont point laissé arrêter par tous ces obstacles. Ils se sont précipités sur le pont et l'ont enlevé. Voilà un combat qui couvre nos conscrits de gloire et surtout leurs braves chefs. C'est une des plus vigoureuses actions qui puissent avoir lieu à la guerre.

» Nous avons perdu quelques braves gens, mais la perte de l'ennemi en tués, blessés, noyés ou prisonniers doit se monter à 700 ou 800 hommes. Nous avons fait environ 200 prisonniers.

» Malgré cela, je crains bien de ne pouvoir pas conserver longtemps Chambéry, parce qu'on m'annonce que l'ennemi se montre en force du côté de La Tour-du-Pin et qu'il faut penser à Grenoble qui est le point important. »

La colonne française de droite avait, pendant ce temps, livré aux troupes autrichiennes, vers Coppet et Gandin, un combat de tirailleurs soutenu par une assez forte canonnade, qui suffit à obliger l'ennemi à se replier sur Frangy.

Malheureusement, ces brillants succès ne modifiaient pas la situation. Serrant occupa Annecy pendant deux jours. Mais le détachement autrichien du colonel Leiningen marchait de Nantua sur Belley et le fort de Pierre-Châtel qu'une vingtaine d'hommes seulement défendaient, et la division Hardegg avait occupé Bourgoin le 25 et continuait sur la Tour-du-Pin.

En conséquence, Marchand prescrivait, le 26, à Serrant, de poursuivre le lendemain son mouvement sur Chambéry.

L'ennemi, rendu plus prudent par la leçon qu'il venait de recevoir, se contenta de le suivre, mais sans l'inquiéter.

La situation de nos troupes devenait chaque jour plus dangereuse.

Le colonel de Cubières avait été chargé par le général Marchand d'organiser la défense de la vallée de l'Isère en aval de Grenoble. Il était venu s'établir à Voiron et, de là, détachait un bataillon d'infanterie à Rives et quelques pelotons de cavalerie à Moirans. Il avait envoyé également au Pont-de-Beauvoisin, avec le général Lafosse, un détachement de troupes de la division Vedel qu'on avait mis à sa disposition.

Le 24, il rendait compte au général que l'avant-garde autrichienne du comte Hardegg était entrée à la Tour-du-Pin et que les coureurs ennemis avaient fait leur apparition devant ses avant-postes.

Le 26, une colonne autrichienne passait le Guiers à Saint-Genix, pendant qu'une deuxième colonne cherchait un gué plus en amont. Le général Lafosse se repliait sur Pont-de-Beauvoisin « où, écrivait-il, il est incapable de tenir longtemps avec des troupes comme celles qu'il commande et qui, de plus, manquent de vivres ».

Les colonnes de Bubna avaient repris leur mouvement en avant. Le 26, Klébelsberg occupait Rumilly, Zechmeister rentrait à Annecy, et Luxem, franchissant le

Rhône à Seyssel, se mettait en marche pour rejoindre la colonne Klébelsberg.

Le 27, Marchand et Serrant se rejoignaient à Chambéry, où ils se renforçaient de la division Vedel, forte de 3.000 fantassins, 1 escadron de hussards, 8 canons, 4 obusiers. Mais il était de toute évidence, néanmoins, qu'ils ne pouvaient songer à conserver la ville.

La division Hardegg était arrivée aux Abrets à l'intersection des routes qui mènent : par le Pont-de-Beauvoisin, sur Chambéry; par Voiron, sur Grenoble. Ses troupes légères avaient occupé le Pont-de-Beauvoisin que le général Lafosse avait dû évacuer pour se replier sur Saint-Geoire et Chirens, et le major Gatterburg, chargé par Hardegg de le relier à Klébelsberg, était venu s'établir à Montferrat avec deux compagnies et un escadron de hussards. Ses coureurs s'avançaient jusqu'à Saint-Geoire, Chirens et le Grand-Lemps.

Marchand prescrivait, en conséquence, au colonel de Cubières de s'efforcer de conserver ses positions à Voiron et le renforçait en même temps d'un bataillon. Il se faisait précéder d'un bataillon à Saint-Pierre-de-Chartreuse, en détachait deux autres à Voreppe, et donnait l'ordre d'organiser la défense du défilé des Combes que franchit la grande route de Voiron à Grenoble, à quelques kilomètres en avant de cette ville.

Et pendant que le général Serrant battait en retraite sur Montmélian et Fort-Barraux, lui-même se repliait sur les Echelles, pour, de là, gagner Grenoble. Il emmenait avec lui 3.000 hommes de ses troupes et la division Vedel tout entière, soit un total de près de 6.000 hommes.

Ce jour-là (27), pour la première fois depuis son arrivée à Valence, Augereau daigna s'occuper de Marchand.

Il lui annonçait, dans une première dépêche, la marche sur Bourgoin de la division Hardegg. Puis, quand le général Pannetier l'eut informé de la présence des Autrichiens vers Saint-Rambert et lui eut rendu compte « qu'ils faisaient des mouvements sur leur gauche vers Grenoble », il lui écrivait de nouveau. Dédaignant toute idée de défense de la vallée de l'Isère, il le prévenait : d'abord qu'il se retirait sur Pont-Saint-Esprit, où il lui prescrivait de venir le rejoindre ; puis, quand il jugea que la route serait barrée par l'ennemi et que son lieutenant ne pouvait plus exécuter ce mouvement : « en cas de retraite, lui disait-il, prenez la grande route de Grenoble à Marseille jusqu'à Serres et, de là, celle d'Orange par Rosans et Vaison ». Mais pas un mot sur les moyens de combiner leurs efforts, ni sur les dispositions qu'il convenait de prendre pour essayer tout au moins de ralentir la marche de l'ennemi.

Le 28, le général Serrant était à Montmélian, Klébelsberg occupait Aix et ses avant-postes s'arrêtaient aux portes de Chambéry, pendant que Zechmeister, avec deux bataillons et un escadron, se portait d'Annecy par Faverges et le col de Tamié sur la haute Isère, vers Conflans.

Le général Wimpffen, qui devait combiner ses opérations avec le comte Hardegg, enlever Moirans et couper les communications entre Grenoble et Valence, s'avançait de La Côte-Saint-André jusqu'à La Frette, à la croisée des routes menant à Rives et à Voiron.

Le comte Hardegg s'arrêtait à Montferrat, poussant jusqu'à Chirens l'avant-garde du major Gatterburg. Celui-ci avait occupé le village ; mais, attaqué presque aussitôt par un détachement que le colonel de Cubières avait chargé de réoccuper cette position, il ne put s'y maintenir et fut rejeté sur Montferrat.

Le 29, Hardegg, continuant sa marche sur Grenoble, conformément aux ordres reçus, attaquait de nouveau Chirens avec toutes ses forces, reprenait le village et rejetait sur Voiron le détachement du colonel de Cubières. Espérant être soutenu par le général Wimpffen qui venait d'arriver au Grand-Lemps, il continua sur Voiron dans l'intention d'en chasser les Français. Mais il se heurtait au delà de Chirens aux troupes du colonel de Cubières, accourues au secours de leurs avant-postes, et, abandonné à ses propres forces par l'immobilité de Wimpffen, il ne put arriver à déloger les Français de leur position. Pendant la nuit, il se replia sur Chirens, pendant que le colonel de Cubières, sur l'ordre de Marchand, venait prendre position plus en arrière, au défilé de Voreppe.

Le 30, Hardegg entrait à Voiron et Wimpffen occupait Moirans.

Des détachements autrichiens s'emparaient des Echelles et du Pont-de-Beauvoisin, le gros de Klébelsberg occupait Chambéry et son avant-garde poussait par Saint-Geoire et les Marches sur Montmélian, qu'elle trouvait abandonné, et se reliait à Zechmeister qui surveillait la rivière, de Saint-Jean-de-la-Porte jusqu'à Conflans.

Le général Dessaix avait repris le commandement des quatre bataillons que Marchand avait laissés au général Serrant. Il s'était replié sur la rive gauche de l'Isère en détruisant une arche du pont de Montmélian et avait réoccupé ses anciennes positions de la Chavanne. Un bataillon fut chargé d'observer la ligne de l'Isère, d'Aiguebelette à Conflans ; une compagnie surveillait le gué des Mollettes.

Le prince héritier de Hesse-Hombourg, de son côté, avait rappelé le comte Hardegg, affaiblissant ainsi gravement Klébelsberg et Zechmeister. La situation de Marchand était malheureusement trop défavorable pour qu'il pût profiter de cette faute. D'ailleurs, le généralissime autrichien donnait presque aussitôt au prince Philippe de Hesse-Hombourg l'ordre de venir prendre, à la gauche de Wimpffen, la place laissée vacante par le départ de Hardegg.

En même temps Klébelsberg détachait des Echelles sur Saint-Laurent-du-Pont, sous les ordres du lieutenant-colonel Döra, un parti de huit compagnies, un escadron et deux canons, avec mission d'inquiéter les postes français de la Grande-Chartreuse. Jusqu'au 2 avril, les Autrichiens, occupant Voiron et Moirans, et les Français à Voreppe, restèrent immobiles dans leurs positions.

Pourtant, prévenu que l'ennemi à Moirans se gardait mal, le colonel de Cubières essaya d'en profiter et tenta d'enlever leur chef.

Conduits par le fils du maître de poste de Voreppe, les Français purent, par des chemins détournés, s'avancer jusqu'auprès de Moirans. Mais les avant-postes autrichiens éventèrent leur approche. Nos troupes réussirent néanmoins, en brusquant leur attaque, à pénétrer dans la ville, et le colonel de Cubières put s'introduire dans l'appartement que le général autrichien venait de quitter en toute hâte et s'emparer de ses papiers.

Il se replia ensuite rapidement par la grande route et parvint à échapper à l'ennemi, qui, revenu de sa surprise, avait repris l'offensive.

Après avoir repoussé l'armée du maréchal Augereau sur la rive droite de l'Isère et constaté l'immobilité où elle semblait vouloir se tenir le prince héritier de Hesse-Hombourg résolut de tenter une action vigoureuse contre les troupes qui défendaient Grenoble et d'en finir avec elles.

Le général Wimpffen, chargé de cette opération, essaya d'abord, mais en vain, de tourner la position tenue par les troupes françaises à hauteur de Voreppe, en franchissant l'Isère en aval de cette bourgade.

N'ayant pu y réussir, il se résigna à une attaque directe.

Resserrée entre le bec de l'Echaillon et les pentes escarpées des hauteurs du Grand-Ratz, qui tombent presque à pic sur la plaine, la vallée de l'Isère, en cet endroit, n'a guère plus de 2.000 mètres de largeur. Le passage y est

rétréci encore par les habitations et les murs de clôture
du bourg de Voreppe et de son hameau, Brandegaudière.
Enfin la vallée est coupée perpendiculairement au cours
de l'Isère par le torrent de Roise, dont les bords endigués
forment une excellente ligne de défense.

Le colonel de Cubières appuyait sa droite aux pentes
méridionales du Grand-Bois qui séparent les deux routes
de Voreppe à Voiron et à Saint-Laurent-du-Pont, et sa
gauche s'étendait jusqu'à l'Isère, occupant les digues de
la Roise. Un détachement, posté entre le bec de l'Echaillon et Saint-Quentin sur la rive gauche, appuyait et pro-
tégeait son flanc gauche et surveillait la direction de Voiron et de Moirans. Son artillerie était en position au coude
de la route de Saint-Laurent-du-Pont au sud de la Malos-
sane, sur une plate-forme de rochers escarpés qui dominent Voreppe au nord, flanquent la ville et commandent
toutes les approches.

Pour se protéger contre un mouvement tournant par la
montagne de Ratz et le col de la Placette, il avait fait
occuper ces hauteurs par deux bataillons, dont il avait
confié le commandement au major Olivetti, très habitué à
la guerre de montagne.

Voulant éviter une attaque de front par le fond de la
vallée, le général Wimpffen résolut de tourner le colonel
de Cubières par sa droite.

Il partagea ses troupes en quatre colonnes.

La colonne de droite, longeant la rive droite de l'Isère,
devait fixer le détachement de l'Echaillon et menacer Voreppe par le sud.

Une deuxième colonne suivait à hauteur de la précé-
dente les routes de Moirans et Voiron jusqu'à leur réunion, à la Crue-de-Moirans, à 1.500 mètres environ de
Voreppe, et devait attaquer la ville par l'ouest.

Une troisième colonne, quittant la route de Voiron à la

Buisse, devait s'élever sur les pentes de Grand-Bois et menacer la droite française.

Une quatrième colonne enfin avait pour mission de chercher à gagner par Coublevie la route de Voreppe à Saint-Laurent-du-Pont, entre Saint-Julien-de-Ratz et Pommiers près Voreppe, pour prendre à revers les troupes françaises.

En même temps le colonel Döra devait attaquer et maintenir dans leurs positions les postes français de la Grande-Chartreuse.

La dispersion des troupes autrichiennes sur un aussi large front, dans un pays où les communications latérales sont longues et difficiles, devait empêcher toute coordination des efforts.

Aussi ce combat de Voreppe comporta en réalité deux actions parallèles, totalement indépendantes l'une de l'autre, et correspondant chacune aux deux théâtres d'opérations de la montagne et de la vallée.

Obligées d'enlever de vive force le village de Coublevie que le major Olivetti avait fait occuper et où nos troupes opposèrent la plus vive résistance, retardées par de nombreux obstacles naturels, arrêtées à chaque instant devant les abatis et les coupures successives que les Français avaient pratiqués sur les routes et qu'ils n'abandonnaient qu'à la dernière extrémité pour continuer la lutte plus en arrière, derrière de nouveaux abatis et de nouvelles coupures, les deux colonnes autrichiennes de gauche ne purent se rejoindre à Pommiers qu'à la nuit.

Le major Olivetti s'était retiré sur le col de la Placette quand les troupes françaises qui combattaient à Voreppe s'étaient déjà repliées sur Les Combes.

Informé des difficultés que rencontraient ses deux colonnes de gauche, Wimpffen s'était en effet résigné à faire attaquer Voreppe par le reste de ses troupes.

Après un combat de trois heures, qui leur coûta plus de

300 hommes, les Autrichiens réussirent à débusquer les conscrits et les gardes nationaux qui défendaient les digues de la Roise, et vinrent, en suivant les bords de l'Isère, menacer nos communications.

Mais en partageant, entre ses quatre colonnes d'attaque, toutes les forces dont il disposait, le général autrichien, qui n'avait pas su se ménager une réserve, s'était mis dans l'impossibilité de profiter de ce succès. Il dut renoncer à poursuivre son adversaire. Le colonel de Cubières put se retirer et évacuer la ville dans l'ordre le plus parfait, laissant seulement aux Autrichiens une pièce démontée.

Il vint alors prendre position aux Combes, où il fut rejoint par le major Olivetti, qui avait battu en retraite par la montagne.

Le lendemain, les Autrichiens s'avancèrent jusqu'au Chevallon, où ils s'établirent.

Mais l'éloignement encore considérable des troupes du prince Philippe de Hesse-Hombourg ne leur permettait pas de tenter immédiatement une autre attaque contre la nouvelle position très forte occupée par les Français.

La journée tout entière du 4 se passa sans incident ; de part et d'autre on s'observait.

Le 5, le prince Philippe arrivait à Rives avec le généralissime de l'armée du Sud.

Cependant, le maréchal Augereau était prévenu, le 6, qu'une colonne autrichienne de 1.500 à 1.800 hommes avec cinq canons, partie de Romans, avait remonté la rive droite de l'Isère. Il eût pu en conclure que l'ennemi se concentrait sur sa gauche et préparait contre Grenoble une attaque sérieuse, et en profiter pour renforcer Marchand. Mais, hypnotisé par l'idée préconçue que les Autrichiens voulaient s'unir à Wellington vers Toulouse, il n'en fit rien, se contenta de prévenir son lieutenant des mouvements de troupes aperçus, et d'opérer, dans la disposition de ses corps, une simple interversion qui ne renforçait en rien la défense de Grenoble.

Pendant ce temps la situation de Marchand s'aggravait encore du côté de Montmélian.

Bubna s'était porté de sa personne à Chambéry et avait concentré toutes ses forces entre Saint-Pierre-d'Albigny et Fréterive.

La hauteur des eaux grossies par la fonte des neiges, qui transformait l'Isère en un véritable torrent, avaient, pendant plusieurs jours, fait avorter toutes les tentatives de franchissement de la rivière.

Ces délais avaient donné le temps d'arriver aux renforts que le général Ponchin amenait de Toscane. Ils se composaient des 1er et 4e bataillons du 112e de ligne ; des 3e et 8e bataillons du 35e léger et de la 20e légion de gendarmerie à cheval, soit un effectif total de 2.641 fantassins et 286 cavaliers. Dessaix les répartit entre les postes de Conflans, Aiguebelle, La Chavanne.

Avec ces forces nouvelles, l'espoir de pouvoir bientôt reprendre l'offensive lui était revenu. Ayant cru s'apercevoir que les Autrichiens retiraient les troupes qu'ils avaient en face de lui sur la rive droite de l'Isère et qu'ils évacuaient leur artillerie, il conçut le projet de se porter rapidement par Faverges sur Annecy, pour prendre l'ennemi à revers et menacer Genève.

Il avait la conviction si ferme que cette manœuvre était possible et qu'elle devait produire les plus heureux résultats, qu'il parvint à faire partager ses espérances à ceux qui l'entouraient et, le 8 avril, le préfet Finot écrivait au Ministre : « Le général Dessaix attend toujours des ordres de l'Empereur pour attaquer l'ennemi et aller reprendre Genève. Chaque jour le confirme que cette entreprise peut être heureusement tentée. »

Ces espérances, hélas ! devaient être vaines. La fortune des armes s'était définitivement prononcée contre

nous. Au moment où le baron Finot écrivait cette dépêche, le Sénat, depuis huit jours déjà, avait proclamé la
déchéance de Napoléon.

Ce que Dessaix avait pris pour des indices de la retraite ou des craintes de l'ennemi, c'étaient les mouvements
préliminaires du passage de l'Isère que Zechmeister préparait.

Le 8 avril, les Autrichiens, qui avaient pu construire
un certain nombre de radeaux, réussissaient à jeter, sur
la rive gauche de la rivière, à hauteur de Conflans, trois
bataillons, une demi-batterie, deux escadrons.

En même temps, un détachement de trois compagnies
d'infanterie, sous les ordres du lieutenant-colonel Walher,
devait se porter sur Moutiers, franchir le col de la Made-
leine, descendre dans la vallée de l'Arc, barrer la route
du Mont-Cenis et prendre à revers les défenseurs d'Aiguebelle.

Le lendemain, 9 avril, Zechmeister attaquait le poste
français de Bonvillaret, le rejetait sur la rive gauche de
opposé à toutes les tentatives de Klébelsberg, qui ne put
empêcher les Français, encouragés et soutenus par la
présence de Dessaix, accouru à leur secours, de couper le
pont d'Aiguebelle et dut renoncer à franchir la rivière.

A Fréterive, le général Serrant s'était victorieusement
opposé à toutes les tentatives de Klebelsberg, qui ne put
arriver à prendre pied sur la rive gauche de l'Isère, ni à
rétablir le pont de Montmélian.

Le même jour, le généralissime autrichien donnait l'ordre à Wimpffen et au prince Philippe de rejeter le colonel de Cubières des Combes sur Grenoble. Le mouvement était commencé quand il reçut la nouvelle officielle
de la signature de l'armistice. Arrêtant aussitôt ses colonnes, il revint s'établir sur ses anciennes positions.

Mais, escomptant les succès que Bubna pourrait remporter vers Montmélian contre Dessaix ou Serrant, et afin de profiter des avantages que lui procurerait la prise de Grenoble, il se garda bien de faire connaître à ses. lieutenants, à Augereau, ni à Marchand, les nouvelles qu'il venait de recevoir.

Ce fut le 11 avril seulement que Bubna parvint à franchir l'Isère.

Ce jour-là, après avoir achevé la construction d'un pont à Fréterive, Bubna jeta le gros de ses forces sur la rive gauche et se porta par Coise et Planaise contre La Chavanne, menaçant ainsi le flanc droit de nos troupes.

Profitant de cette diversion, le major comte Bentheim parvenait à rétablir l'arche détruite du pont de Montmélian et attaquait La Chavanne de front.

Le général Serrant, débordé, se replia sur Pontcharra et, le soir même, signait avec Bubna une suspension d'armes qui l'autorisait à se retirer sur Grenoble avec armes et bagages, en abandonnant ainsi à l'ennemi le territoire savoyard.

« Les hostilités cesseront et ne pourront recommencer qu'après un avertissement de quatre jours », disait l'affiche qui annonçait cet armistice aux populations du Léman.

« Les troupes françaises occuperont les limites de l'ancienne France, et les troupes autrichiennes de l'ancienne Savoie. »

Le lendemain, pendant que se réglaient à Valence, entre Augereau et le prince de Hesse-Hombourg, les conditions de l'armistice, les partis laissés par Marchand dans la Grande-Chartreuse, et qui n'avaient pas été prévenus des événements de la veille, attaquèrent les postes autrichiens du colonel Döra et leur firent quelques prisonniers.

Le 10, le général Dessaix, de son côté, s'était opposé

victorieusement au général Zechmeister à Aiguebelle.
Mais, ayant été prévenu du mouvement tournant tenté
par le colonel Walher, et pressé par le général d'An-
thouard, aide de camp du vice-roi, qui lui demandait de
se consacrer à la défense de la Maurienne, il profita de
la nuit du 10 au 11 pour évacuer Aiguebelle et se replier
avec environ 1.800 hommes sur Saint-Jean-de-Maurienne,
où il s'établit le 11, ayant ses avant-postes à Pont-à-Maf-
frey. Il eut le lendemain une entrevue avec Zechmeister,
qui lui apprit la capitulation de Paris, la déchéance de
Napoléon, et qui lui fit connaître en même temps les
termes de la suspension d'armes convenue entre Bubna
et Serrant et approuvée par Marchand.

Il en reçut, le 15, la notification officielle. Aux termes
de cette convention, les Autrichiens devaient coucher,
le 15, à Saint-Jean, le 16, à Saint-André, le 17, à Lans-
le-Bourg, le 18, à l'hospice du Mont-Cenis.

Mais, prétextant que « le général Marchand n'avait pu
traiter que de l'évacuation de la 7e division militaire, mais
qu'il n'avait rien pu ni dû conclure à l'égard de la portion de l'ancienne Savoie qui faisait partie de la 27e division militaire (Turin) », le général Dessaix répondit,
« qu'en conséquence, il allait évacuer Saint-Jean et Saint-
André et se retirer à Thermignon, dont il avait reçu du
vice-roi l'ordre de défendre l'accès jusqu'à la dernière
extrémité ».

Il prévenait, en même temps, Zechmeister que des
troupes venaient d'Italie qui devaient occuper la haute
Maurienne.

La fermeté de son attitude lui valut la conclusion d'un
armistice qui lui permettait de conserver ses positions.

Ce furent les derniers épisodes de la lutte. L'indiscipline du commandant en chef autant que son impéritie
et son incapacité en avait rendu les efforts stériles. En
l'appelant au commandement de l'armée de Lyon, Napo-

léon avait bien voulu oublier ses défaillances de la dernière campagne pour ne se souvenir que du brillant soldat de l'armée d'Italie. Mais le maréchal de 1814 ne possédait plus aucune des qualités qui avaient fait la gloire du soldat de 1796. Des lenteurs impardonnables précédèrent des fautes irréparables qui devaient consommer la ruine de son armée (1).

(1) La critique et la condamnation de la conduite du maréchal se trouvent tout entières réunies dans un rapport qu'avait provoqué une lettre anonyme adressée de Lyon au Ministre vers le 22 mars.

« J'ai eu l'honneur de faire remettre à Votre Majesté une lettre du duc de Castiglione, en date du 18 mars... Sans entrer dans l'examen approfondi des dispositions, on appelle l'attention de Sa Majesté sur les lenteurs avec lesquelles le maréchal a agi dans le principe, malgré des ordres pressants et réitérés. Ordre du 12 février de commencer les opérations de suite, renouvelé le 13. Le 16 février, on lui écrit qu'il n'y a pas un moment à perdre. Le 20, nouvel ordre de sortir de Lyon et de marcher à l'ennemi réitéré le 21. Le 22, on lui donne l'ordre formel de sortir de Lyon, douze heures après la réception de cette lettre. Les 23, 26 et 28 février, on renouvelle les ordres, on l'engage à mettre dans leur exécution le zèle, l'activité et l'énergie que les circonstances rendaient si nécessaires. Après avoir reçu huit dépêches consécutives, le maréchal prend enfin le parti de bouger, et, le 2 mars, de Lons-le-Saunier, il rend compte des opérations commencées le 28 février.

» Voilà donc un retard de quinze jours, pendant lesquels on fait sur les deux rives de la Saône quelques mouvements insignifiants qui ont donné l'éveil à l'ennemi et l'ont décidé à envoyer Bianchi sur Chalon. Le maréchal se croit alors forcé de rappeler les troupes en marche sur Genève et de revenir sur Lyon. Dans sa lettre du 9 mars, il explique qu'il s'est décidé à repasser par Lyon pour prendre l'ennemi à revers, pendant que le général Bardet fera une fausse attaque sur Mâcon. Mais, à partir de ce moment, il n'est plus question de l'attaque de Mâcon. L'ennemi reste maître de cette ville et du pont sur la Saône. Il tient l'armée française divisée et peut agir à son gré, sur la rive qui lui convient le mieux, tandis que le maréchal est obligé de passer par Lyon pour se porter d'une rive sur l'autre. Il eût suffi de garder le pont de Mâcon en force lors de la première attaque, ou de détruire ce pont quand on abandonna la ville, pour éviter à notre armée un grand détour et obliger l'adversaire à se concentrer en entier sur l'une des rives de la Saône, ce qui permettait au maréchal d'agir contre lui avec la totalité de ses forces, sans l'obliger à se diviser et à faire dépendre toutes ses opérations du degré de résistance du général Bardet à Miribel. Le maréchal abandonna ensuite Lyon pour se porter à Pont-Saint-Esprit, à 50 lieues en arrière, laissant à l'ennemi les 7e et 19e divisions militaires. »

Les lettres de Napoléon laissent croire qu'il eut un moment l'intention de remplacer Augereau par Suchet. Le choix eût été excellent. Mais quand la dénonciation que nous avons donnée en note parvint au ministère, il était trop tard. C'eût été à Clarke de prendre, dès le début de la campagne, une semblable initiative que ne justifiaient que trop les procédés et les agissements du commandant de l'armée de Lyon.

Quand, la lutte terminée, il ne restait plus à Augereau qu'à attendre le résultat des négociations entamées à Paris, il ne sut pas, par la réserve et la dignité de son attitude, racheter ce que sa conduite avait pu avoir, jusque-là, de critiquable et presque d'équivoque. Plus qu'aucun autre, pourtant, il avait à se faire pardonner. Il ne sentit pas que sa situation lui commandait alors la plus grande réserve, et il allait, par d'inqualifiables menées, presque justifier tous les soupçons que sa conduite avait fait naître (1).

Dès la signature de l'armistice, il se compromit avec le prince héritier dans des pourparlers que le souci de son honneur eussent dû lui défendre, mais dont sa vanité et son inconséquence lui cachaient la portée.

---

(1) *Commentaires de Napoléon.* — Conversation entre l'Empereur et le commissaire autrichien Roller, le 24 avril, à la suite de l'entrevue de Napoléon et d'Augereau, entrevue au cours de laquelle l'Empereur s'était montré vis-à-vis de son lieutenant amical et bienveillant :

« Je viens de voir une scène bien extraordinaire, dit le général Roller. — Pourquoi ? — C'est un vieux soldat, lui répondit l'Empereur, il a vieilli vingt ans sous mes ordres, il n'a plus la même ardeur; d'ailleurs, il a eu des moyens militaires, mais jamais de génie ni d'éducation. — Vous me surprenez, dit le commissaire autrichien. Vous avez été trahi par Augereau; il y a quinze jours qu'il a fait un traité avec nous. Ses mouvements étaient des simulacres et vous ignorez même sa proclamation. On me l'a remise hier à Lyon et la voilà.

» L'Empereur ne dissimula pas son indignation en voyant cette proclamation signée de ce même homme qui venait de lui tenir des discours si différents. »

Pourtant il hésitait encore, ne sachant quelle tournure prendraient les événements. Mais quand il connut l'abdication de Napoléon et sa relégation à l'île d'Elbe, il fut, vis-à-vis de ses adversaires, d'une inqualifiable platitude,

Le 17 février, il reçut communication des conventions qui fixaient la ligne de démarcation entre les deux armées, et des différences d'interprétation à leur sujet s'étant présentées, il n'hésita pas à sacrifier Grenoble que la défense opiniâtre de ses lieutenants avait sauvé de l'occupation autrichienne. Il prescrivit à Marchand d'évacuer la ville. « Je consens à donner à l'article douteux l'interprétation la plus favorable aux alliés », écrit-il au prince héritier. Et pour bien faire sentir que c'était là un sacrifice qu'il consentait pour lui être agréable : « Il est bien entendu, ajoute-t-il, et la loyauté de Votre Altesse m'en est un sûr garant, que si l'article en litige était postérieurement interprété en faveur de l'armée française, que les troupes alliées évacueraient immédiatement Grenoble. J'espère que Votre Altesse verra dans cette concession le désir sincère que j'ai d'aplanir toute difficulté et la confiance que j'ai en sa loyauté. »

Oubliant tout ce qu'il devait à l'Empereur, et ne songeant plus qu'à ses intérêts personnels, il s'efforça, par l'explosion bruyante de ses sentiments royalistes, de s'attirer les bonnes grâces du nouveau régime.

Le 16 avril, il adressait à ses troupes la proclamation que voici :

« Soldats !

» Le Sénat, interprète de la volonté nationale lassée du joug tyrannique de Napoléon Bonaparte, a prononcé, le 2 avril, sa déchéance et celle de sa famille.

» Une nouvelle constitution monarchique forte et libérale et un descendant de nos anciens rois remplacent

Bonaparte et son despotisme. Vos grades, vos honneurs et vos distinctions vous sont assurés.

» Le corps législatif, les grands dignitaires, les maréchaux, les généraux et tous les corps de la Grande Armée ont adhéré aux décrets du Sénat, et Bonaparte lui-même a, par un acte daté de Fontainebleau, le 11 avril, abdiqué pour lui et ses héritiers les trônes de France et d'Italie.

» Soldats, vous êtes déliés de vos serments ; vous l'êtes par la Nation en qui réside la souveraineté ; vous l'êtes encore, s'il était nécessaire, par l'abdication même d'un homme qui, après avoir sacrifié des milliers de victimes à sa cruelle ambition, n'a pas su mourir en soldat.

» La Nation appelle Louis XVIII sur le trône. Né Français, il sera fier de votre gloire et s'entourera avec orgueil de vos chefs. Fils d'Henri IV, il en aura le cœur ; il aimera le peuple et le soldat.

» Jurons donc fidélité à Louis XVIII et à la Constitution qui nous le présente. Arborons la couleur vraiment française qui fait disparaître tout emblème d'une révolution qui est finie, et bientôt vous trouverez dans la reconnaissance de votre roi et de votre patrie une juste récompense de vos nobles travaux. »

Au quartier général de Valence, le 16 avril 1814.

Mais quand il voulut exiger de ses troupes les mêmes sentiments, il se heurta à un refus formel.

Il somma les officiers de la division Bardet et de la brigade Ordonneau qui, révoltés par sa proclamation, n'avaient pas voulu adhérer au nouveau gouvernement, de donner leur démission. Mais son armée, irritée par la défaite, exaspérée par sa conduite honteuse, se mutina et lui refusa l'obéissance. Il avait perdu, par tant de platitude, le peu d'autorité sur ses troupes qui lui restait encore. « Avec Suchet, nous vaudrions mille fois plus », disaient les soldats, et tous, malgré ses menaces, refusèrent d'obéir à ses ordres et de renier leur Empereur.

L'ambition la plus coupable, servie par la plus incompréhensible faiblesse, peut seule expliquer tant de bassesse. Mais pareilles hontes suffisent pour ternir la gloire la plus brillante. Et l'histoire qui rendra justice à l'éclatante valeur du combattant de Castiglione et de Lodi ne saura se montrer trop sévère pour le maréchal de l'Empire, commandant de l'armée de Lyon.

Mais si l'on ne peut sans révolte se remémorer la conduite de leur chef, il est réconfortant, par contre, de suivre nos soldats dans leurs efforts pour défendre la patrie envahie. Dès qu'ils furent encadrés par quelques vieilles troupes, les conscrits se conduisirent admirablement et firent bravement tout leur devoir. Malgré le découragement que pouvait provoquer une première période de revers, ils surent reprendre espoir quand, réorganisés et vaillamment conduits, la victoire leur revint. Les vieilles troupes de l'Autriche se trouvèrent alors impuissantes contre leur ardeur.

Il y eut bien quelques défections et quelques faiblesses. Les gardes nationales ne firent pas toujours preuve de discipline, de solidité, ni d'endurance, et leur concours dans les moments critiques nous fit souvent défaut.

Mais que ceci pour nous soit un enseignement. Animés d'un patriotisme tout local, les gardes nationales considéreront toujours leur devoir rempli quand elles auront assuré l'immunité de leur territoire. Capables de dévouement, d'héroïsme même pour sauvegarder leurs biens, mais peu ou pas préparées à la guerre, elles seront toujours dans l'impossibilité de faire campagne.

Rendons hommage enfin au dévouement et au patriotisme de leurs chefs : au général Marchand qui sut récon-

forter ses troupes profondément abattues par la retraite
du général La Roche et leur rendre la confiance ; au général Dessaix, qui, malade, presque infirme, sut communiquer à tous l'ardeur qui l'animait ; au général de Barral,
le malheureux mais admirable défenseur de la Grotte.

Rendons hommage aussi aux généreux efforts de M. de
Saint-Vallier, qui, s'il se laissa quelquefois entraîner par
son trop grand amour du Dauphiné, ne ménagea ni son
dévouement, ni ses fatigues et sut tirer de la 7ᵉ division
militaire toutes les ressources qu'elle était susceptible de
fournir, susciter et encourager tous les sacrifices et tous
les dévouements dont ses administrés étaient capables.

Honneur à eux ! ce sont de tels hommes qu'il faut à la
patrie pour sauvegarder son patrimoine de gloire dans
les jours difficiles des cruelles épreuves, et pour nous
donner, à nous, confiance en l'avenir.

TABLE DES MATIÈRES

Paris et Limoges. — Imp. et libr. milit. Henri CHARLES-LAVAUZELLE.

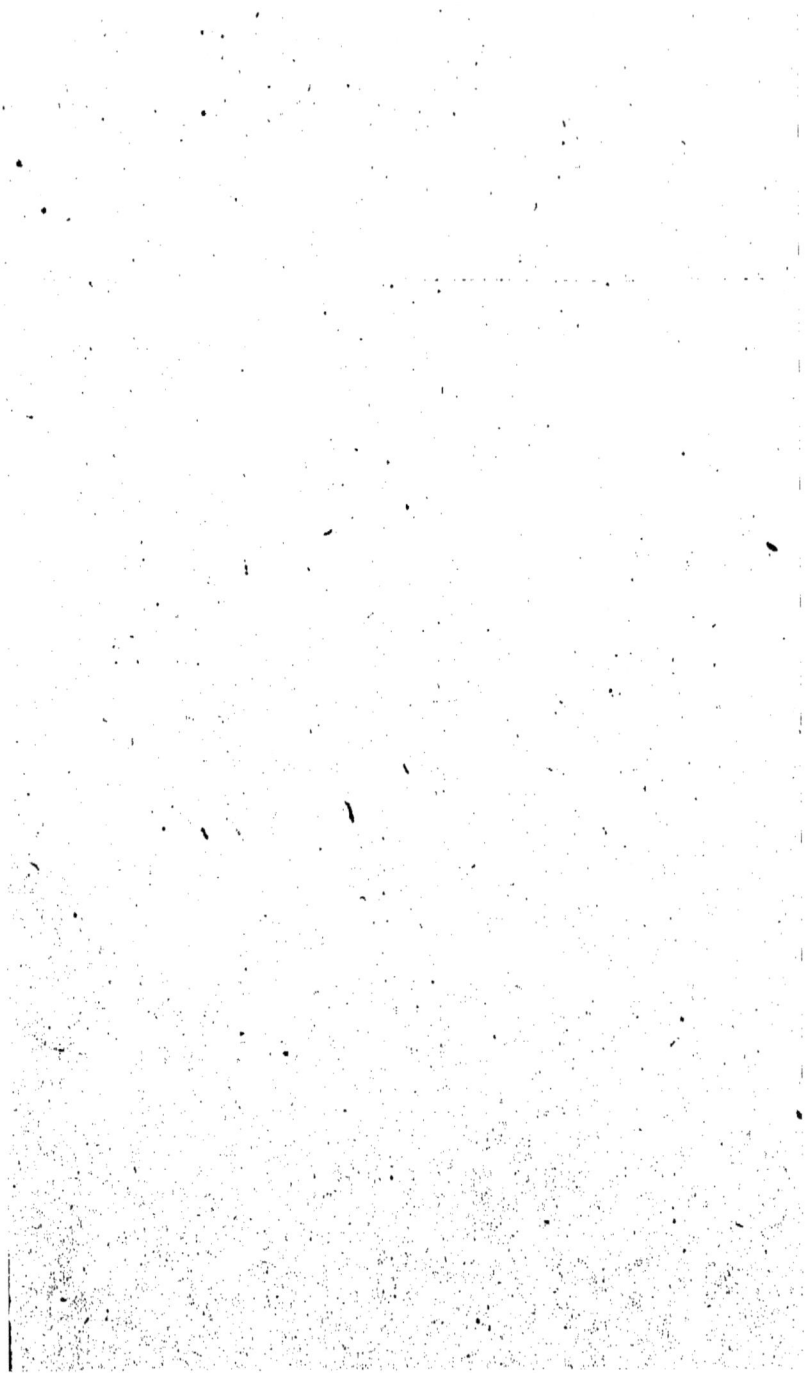

www.ingramcontent.com/pod-product-compliance
Lightning Source LLC
Chambersburg PA
CBHW060431090426
42733CB00011B/2234